어린이를 위한
사회성

더불어  사 는 힘

어린이를 위한
사회성

글 방미진 그림 최정인

위즈덤하우스

차 례

part 1
주변 사람들에게 관심 갖기

외톨이 간공주 | 8
꽝꽝꽝 전학생 | 11
수상한 불가사리 | 37
사랑에 눈이 멀다 | 53
고깟 친구 하나 | 62

part 2
사회의 규칙 잘 지키기

또 한 명의 반새 반쥐 | 72
행복 다음엔 불행, 불행 다음엔 암흑! | 85
친구가 아니야? | 97
조직의 아들 | 111
단점도 장점으로! | 122

part 3
긍정적으로 생각하고 표현하기

그의 흔적 | 136
나적모와 등잔 밑 친구 | 148
마력이 아니라 마음 | 156
나칠칠의 비밀 | 165
전설의 4인조 | 175

작가의 글
세상이 즐겁고 행복해지는 능력, 사회성 | 190

더불어 사는 힘_**사회성**

주변 사람들에게 관심 갖기

사회성을 키우려면 우리 주변의 가까운 사람들에게
관심을 갖고 잘 살펴보아야 합니다.
사람들은 그 생김새가 각각이듯 좋아하는 것, 싫어하는 것,
생각하고 느끼는 것이 조금씩 다릅니다.
사람들마다 개성이 있음을 알게 된다면 나와 생각이
다른 사람들도 이해하고 받아들일 수 있게 됩니다.

이보연 (이보연 아동가족상담센터 소장)

part 1

더불어 사는 힘_사회성

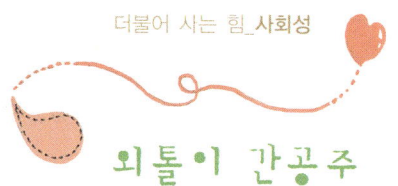
외톨이 간공주

진지혜는 간공주의 유일한 친구다. 둘도 아니고,
딱 하나 있는 친구가 전학을 간 것이다.

언젠가는 이런 날이 올 줄 알았다. 친구가 전학 가는 끔찍한 날이.

"새 학교 가서도 씩씩하게 적응 잘 하라고, 우리 모두 지혜한테 박수 한번 쳐 주자."

선생님 말에 아이들이 박수를 쳤다. 간공주는 박수 칠 기력도 없었지만, 진지혜를 위해 겨우 박수 치는 시늉이라도 냈다.

"진지혜, 가서 생활 잘 하고. 어려운 일 있으면 선생님한테 연락해."

선생님 말에 진지혜가 고개를 끄덕이며 간공주를 봤다.

'안녕, 내 친구.'

진지혜가 눈물을 닦으며 교실을 나갔다. 간공주는 당장 책상에 엎드려 울음을 터뜨리고 싶었지만, 어금니를 꽉 깨물며 참았다. 뒤에서 정겨운과 박미인이 속닥거리는 소리가 들려왔기 때문이다.

"간공주 이제 어떡해?"

"그러게, 딱 하나 있는 친구가 전학을 갔으니."

그렇다. 진지혜는 간공주의 유일한 친구다. 둘도 아니고, 딱 하나 있는 친구가 전학을 간 것이다.

'세상에 나만큼 불행한 사람이 또 있을까?'

하지만 이별의 슬픔도 슬픔이지만, 다른 아이들도 그 사실을 알고 있다는 것에 간공주는 가슴이 철렁 내려앉았다.

간공주는 아무렇지 않은 척 씩씩하게 수업을 받고, 음악 시간에 노래도 열심히 불렀다. 하지만 저도 모르게 자꾸 어깨가 움츠러들고 고개가 숙여졌다. 아이들이 힐끔거리며 쳐다보는 게 느껴질 때면 얼굴이 훳훳하게 달아오르기까지 했다. 그 애들이 속으로 하는 말이 다 들려오는 것만 같았다.

-외톨이.

-간공주는 이제 외톨이.

그러고 보면 간공주의 인생은 늘 외로웠다.

똘똘했던 1학년 때부터 겉늙어 보이는 5학년인 지금까지, 학교에 들어온 이후로 외롭지 않은 날이 없었다. 학년이 바뀔 때면 친구를 못 사귈까 봐 늘 불안했고, 어렵게 사귄 친구와 다투기라도 하는 날이면 혼자 될까 봐 두려웠다. 그래도 늘 한두 명의 친구는 있었는데, 이젠 정말 혼자다.

더불어 사는 힘_사회성

꽝꽝꽝 전학생

오동통한 몸은 작달막했고, 밋밋한 얼굴은 어딘가 멍청해 보였다.
그렇다고 운동이나 공부를 잘할 것 같지도 않았다.

다음날 아침, 간공주는 교실 문 앞에서 머뭇거리고 있었다.

'왜 이렇게 긴장되는 거지?'

꼭 자신이 전학생이라도 된 것 같은 기분이었다. 정작 전학을 간 건 진지혜인데 말이다. 교실도 그대로고, 반 아이들도 그대로인데, 왜 이렇게 낯설까? 아니다. 이건 낯선 게 아니라 두려운 거다.

'휴우!'

간공주는 한숨이 절로 나왔다.

'차라리 전학 가서 새로 시작하는 게 속 편하겠다.'

간공주는 긴장을 푸는 데 심호흡이 좋다는 말이 떠올라, 교실에 들어서며 크게 심호흡을 했다.

"후웃, 후웃, 후웃."

과연 심호흡은 효과가 있었다. 간공주는 더욱 열심히 심호흡을 했다. 하다 보니 은근히 재미도 있었다.

"후웃, 후웃, 후웃, 후웃."

한참 심호흡을 하고 있는데, 갑자기 누가 어깨를 세게 쳤다.

"야, 간공주!"

"아얏!"

깜짝 놀라 돌아보니 우장한이 능글맞게 웃고 있었다.

"크하하학! 너 뭐 하냐? 혼자 인공호흡이라도 하냐? 엉큼해!"

'누, 누굴 보고 엉큼하다는 거야. 이 단무지 같이 생긴 녀석이!'

"너 진지혜 전학 가서 이상해진 거 아니냐? 크하하학."

우장한이 큰 소리로 말했다.

'남의 아픔을 아무렇지 않게 떠들어 대다니……'

간공주는 고개를 푹 숙였다. 얼굴이 불이라도 붙은 것처럼 뜨거워졌다. 설상가상 우장한이 친 어깨가 욱신욱신 아파 왔다.

'아, 정말 하이킥을 날리고 싶은 녀석이다.'

그런데 우장한이 능글맞게 웃으며 속삭였다.

꽁꽁꽁 전학생

"그래도 내가 말 걸어 주니까 안 심심하고 좋지? 역시 소꿉친구밖에 없지 않냐?"

'친구는 누가 친구야!'

간공주는 열이 뻗쳐올라 뒷목을 잡았다. 그리고 가능한 작은 목소리로 재빠르게 말했다.

"너, 한 번만 더 나한테 말 걸면 죽는다. 저리 꺼져!"

우장한은 흠칫 놀라더니, 입술을 삐죽 내밀고는 간공주 옆에서 물러났다.

물론 우장한이 나쁜 뜻으로 그러는 게 아니라는 건 간공주도 알고 있었다. 하지만 우장한은 눈치가 없어도 너무 없었다.

사실 간공주와 우장한은 아기 때부터 아는 사이다. 간공주 엄마와 우장한 엄마가 친구 사이기 때문이다. 그래서 어릴 때는 같이 놀기도 하고, 다정하게 손도 잡고 다녔다. 하지만 이젠 서로 아는 척도 잘 하지 않는다. 우장한이 바로 그 유명한 '엄친아'이기 때문만은 아니다. 더 큰 이유가 있다. 바로 간공주가 변했기 때문이다.

5학년이 돼서 같은 반이 되었을 때, 우장한은 무척 반가워했지만 간공주는 전혀 반갑지 않았다. 반갑기는커녕 우장한과 같은 반이 된 게 끔찍하기만 했다.

우장한은 특유의 활달함과 리더십으로 아이들을 우르르 몰고 다녔다. 한마디로 녀석은 반에서 주인공 같은 존재였다. 그에 반해 간공주는 너무 초라했다. 친구라고는 딱 한 명밖에 없었고, 눈에 띄지도 않았다. 한마디로 조연이나 엑스트라 같은 존재였다. 그래서 간공주는 우장한이 더 부담스럽고 불편하게 느껴졌다.

그러고 보면 유치원 때까지만 해도 간공주는 친구가 많았다. 물론 우장한 만큼 적극적이고 활달한 성격은 아니었지만, 어쨌든 지금 같진 않았다. 하지만 학교에 들어온 이후로 간공주는 더욱 내성적이고 소심한 아이가 되었다. 따돌림 같은 특별한 일이 있었던 것도 아닌데, 이상하게 교실에만 들어서면 가슴이 답답해지면서 주눅이 들고, 아이들 시선이 신경 쓰여 소심해졌다.

'나는 학교가 맞지 않나 봐.'

혹시 학교가 체질적으로 안 맞는 사람도 있는 걸까? 꽃가루 알레르기나 복숭아 알레르기처럼 말이다.

'체질에도 안 맞는데, 확 그만둬 버릴까?'

간공주는 학교를 떠나 자유롭게 살아가는 자신의 모습을 떠올려 봤다. 하지만 이내 불길한 영상이 함께 떠올랐다.

간공주 초등학교 중퇴!
10년째 방에서 나오지 않고 있음!

―따님이 학교를 그만둔 이후로, 방에서 나오지 않고 있다는 게 사실인가요?

기자가 다급한 목소리로 묻자, 엄마가 얼굴을 가리며 말한다.

―어머, 어머! 얼굴은 찍지 마세요!

세상에, 목소리까지 변조했다.

―처음엔 학교 그만둬서 좋다고 놀러도 다니고 그랬어요. 하지만 그것도 하루 이틀이죠. 혼자 놀면 뭐 재미있나요? 금방 지겨워지지. 요즘 세상에 학교 안 다니는 친구랑 놀아 줄 만큼 한가한 애가 어디 있겠어요? 결국 외톨이 신세인 거죠, 뭐. 딱히 할 일도 없고, 그냥 방에 틀어박혀서는 저만 들들 볶는 거죠. 제가 정말 쟤 때문에 못살겠어요!

그때 카메라가 문 사이로 엿보고 있던 간공주를 딱 잡는다.

―꽥!

화들짝 놀라 방 안으로 숨는 간공주의 몰골은…….

"안 돼!"

간공주는 머리를 세차게 흔들었다.

'아무래도 학교를 그만두는 문제는 좀 더 고민해 봐야겠어!'

하지만 내일도, 모레도 계속해서 오늘 같을 거라고 생각하니, 간공주는 숨이 턱 막히는 것만 같았다.

"에휴우우우."

간공주는 길게 한숨을 내쉬며 책상에 엎드려 버렸다.

'아직 1교시도 시작하지 않았는데 이렇게 피곤할 수가! 아, 정말 인생 힘들다.'

녹초가 돼서 엎드려 있는데, 뒤에서 박미인과 정겨운이 속닥거리는 소리가 들려왔다.

"오늘 우리 반에 전학생 있다더라."

"누구?"

"나도 모르지."

"아, 남자애면 좋겠다."

"잘생겼으면 좋겠다."

"키도 크고!"

"운동도 잘하고."

"이왕이면 노래도."

'나도! 나도 그랬으면 좋겠어!'

간공주는 홱 뒤를 돌아 그 대화에 끼고 싶었다. 하지만 그러지 못했다.

'겨운이는 다정하니까 받아 줄지도 몰라. 하지만 박미인은……'

박미인이 새침한 표정으로 면박 주는 모습이 떠올라 선뜻 용기가 나지 않았다.

"너, 일요일 날 거기 갈 거야?"

"생각해 보고."

간공주가 고민하고 있는 사이 대화 주제가 바뀌어 있었다.

'나도 저렇게 수다 떨 친구가 있으면 얼마나 좋을까?'

서러운 마음에 찔끔 눈물이 나왔다.

'지혜야! 어흑.'

진지혜가 너무나 그리웠다.

'지혜는 지금 뭘 하고 있을까? 새 학교에 갔겠지? 처음 만나는 아이들 앞에 설 생각에 얼마나 떨릴까? 그러고 보니 지혜가 전학생이 된 오늘, 우리 반에도 전학생이 오는구나.'

간공주는 멋진 남자애를 떠올렸다. 키 크고, 잘생기고, 착하고, 재미있고, 옷도 잘 입고, 이왕이면 춤도······.

'잠깐, 그래 봤자 그 애가 나를 안 좋아하면 무슨 소용이지? 그래, 별 필요도 없는 남자애보단 여자애가 낫겠어. 그것도 아주 착하고 나랑 잘 맞는!'

갑자기 가슴이 불끈 뛰었다.

'상냥한 그 애는 나에게 다정하게 말을 걸어오겠지? 그럼 나는 모든 게 낯선 그 애를 도와주는 거야. 그리하여 우리는 친구가 되는 것이다!'

간공주는 빈 옆자리를 보며 꿈과 희망에 부풀었다. 그리고 주먹을 불끈 쥐며 속삭였다.

"전학생은 기필코 여자애여야만 한다!"

엎드려 쉰다는 게 그만 잠들었나 보다.

"야, 간공주. 간공주!"

뒤에 앉은 박미인이 흔들어 일어나 보니, 칠판 앞에 선 선생님이 간공주를 딱하다는 얼굴로 보고 있었다. 그리고 그 옆에 낯선 남자애가 하나 서 있었다.

"불, 불가사리?"

자신도 모르게 입 밖으로 그 말이 튀어나왔다. 간공주는 얼른 입을 틀어막았다. 다행히 아무도 듣지 못한 것 같았다.

남자애는 정말 불가사리 같았다. 오동통한 몸은 작달막했고, 밋밋한 얼굴은 어딘가 멍청해 보였다.

'바다에 있을 애가 왜 저 앞에 있는 거지?'

간공주가 멍하니 불가사리를 보고 있는데, 선생님이 말했다.

"오늘 전학 온 친구다. 전학을 자주 다녀서 힘든 점이 많았을 거야. 그러니 너희가 잘 챙겨 줬으면 좋겠다."

'전학?'

갑자기 잠이 확 깼다.

기대하고 기대했던 전학생은, 멋진 남자애도 상냥한 여자애도 아니었다. 단지 불가사리 한 마리였다.

간공주는 다시 불가사리, 아니 전학생을 찬찬히 훑어봤다.

키? 꽝! 몸매? 꽝! 얼굴? 꽝! 그렇다고 운동이나 공부를 잘할 것 같지도 않다. 꽝! 꽝! 꽝! 정말 최악의 전학생이다.

간공주는 실망감을 참지 못하고 고개를 돌려 버렸다. 그때 전학생의 목소리가 들려왔다.

"내 이름은 나칠칠이야. 앞으로 잘 부탁해!"

'뭐지? 이 느낌은?'

전학생의 목소리에는 사람을 끄는 뭔가가 있었다. 성우나 가수들처럼 좋은 목소리는 아니었지만, 어딘가 자신감 넘치는 목소리였다.

'저런 외모에서 어떻게 저런 자신감이?'

간공주는 의아한 기분에 나칠칠 쪽으로 다시 고개를 돌렸다. 그리고 보고 말았다. 나칠칠이 활짝 웃는 모습을. 순간 나칠칠의 얼굴에서 환하게 빛이 났다.

'뭐, 뭐야? 왜 이렇게 눈이 부시지?'

간공주는 갑자기 가슴이 두근대기 시작했다.

"그럼, 칠칠이는 저기 공주 옆에 앉아라."

선생님 말씀이 떨어지자마자 나칠칠이 간공주를 향해 걸어왔다.

뚜벅, 뚜벅, 뚜벅.

두근, 두근, 두근.

자신감 넘치는 경쾌한 걸음 소리에 맞춰 간공주의 가슴이 뛰고 있었다.

'내가 왜 이러지?'

간공주는 가슴을 누르며 나칠칠을 올려다봤다.

'앗!'

눈이 마주치고 말았다. 간공주는 얼른 시선을 피했다. 하지만 나칠칠은 간공주를 향해 아주 환하게 웃었다.

'악, 눈부셔!'

나칠칠의 얼굴에서 또다시 광채가 흘러나오고 있었다. 가슴이 터질 듯이 뛰었다.

'설마, 내가…… 반한 건가?'

간공주는 눈을 질끈 감았다.

'말도 안 돼! 보통 남자애도 아니고 불가사리를 보고 첫눈에 반하다니…… 게다가 이건 첫사랑이라고!'

간공주는 진정하기 위해 속으로 구구단을 외웠다.

'구일은 구, 구이 십구, 구삼 이십육…… 아악, 냉정하게 생각해야 해! 그래 난 지혜가 전학 간 충격이 너무 커서, 잠깐 정신이 이상해진 거야. 곧 괜찮아질 거야. 베프의 전학에, 꽝꽝꽝 전학생, 그리고 어이없는 첫사랑이라니.'

"이건 정말 최악이야!"

간공주는 책상을 쾅 내리쳤다.

"최악이라니 뭐가?"

불가사리, 아니 꽝꽝꽝 전학생, 아니지 아니야, 나칠칠이 물었다.

"아, 아냐! 아무것도 아냐."

간공주는 어색하게 웃으며 괜히 책상을 정리했다. 그러다 슬쩍 나칠칠을 훔쳐봤다. 어느새 광채는 사라지고 없었다. 다시 보니 특색 없이 밋밋한 남자애일 뿐이었다.

'역시나 잠깐 동안의 착각이었어. 휴, 다행이다.'

걱정거리가 사라지고 나니, 다시금 불끈 의욕이 솟았다.

'지금 전학생 따위가 문제가 아니야. 지혜가 전학 간 마당에 하루라도 빨리 새 친구를 사귀어야 해!'

간공주는 쉬는 시간마다 틈틈이 친구할 만한 아이를 찾아봤다.

심지어 수업 시간에도 내내 그 생각뿐이었다.

'한새침? 얄미워. 주는 거 없이 싫은 타입이랄까?'

'박미인? 예쁘고 똑똑하긴 하지만 너무 직설적이야. 마음에 안 들어.'

'정겨운? 착하긴 하지만 박미인 짝꿍이라는 점이 걸려.'

'왕선해? 툭하면 삐치는 게 마음에 안 들어.'

"칫!"

호랑이도 제 말하면 온다더니, 마침 왕선해가 씩씩거리며 교실로 들어왔다. 그 뒤를 같이 다니는 아이들이 우르르 따라 들어왔다.

"선해야, 왜 그래?"

"칫! 야, 너 같으면 기분 안 나쁘겠냐?"

왕선해는 요란한 소리를 내며 자리에 앉았다.

"미안해. 화 풀어."

왕선해는 눈을 치뜨고 입을 비죽비죽하더니, 자리에 앉을 때처럼 요란스럽게 엎어지며 울음을 터뜨렸다.

둘러선 아이들 얼굴에 지겨운 표정이 어렸다. 서로 쿡쿡 찌르는 품이 네가 달래 주라고 미루는 듯했다. 보아하니 또 별것 아닌 일로 삐친 것 같았다. 왕선해는 툭하면 삐친다.

'근데 왜 친구가 많은 거지? 솔직히 왕선해보단 내가 훨씬 낫잖아. 나는 잘 삐치지도 않고, 화도 잘 안 내는데. 공부도 더 잘하고, 더 예쁜데…….'

그러고 보면 간공주는 어느 것 하나 빠지지 않았다.

'나는 왜 친구가 없는 거지? 혹시, 다들 날 질투하는 건가?'

하지만 꼭 그런 것 같지도 않았다. 대부분의 아이들은 간공주에게 아예 관심이 없었다. 간공주는 다시 반 아이들을 휘휘 둘러보았다.

'우리 반엔 왜 이런 애들밖에 없는 거지?'

도무지 친구로 할 만한 아이를 고를 수가 없었다.

'왜 내 마음에 꼭 드는 친구감은 없는 걸까? 아휴, 지금 찬밥 더운밥 가릴 때가 아니야. 아무라도 사귀어야 해!'

하지만 아무나 사귀려고 해도 쉽지 않았다. 먼저 말을 걸 용기가 나지 않았던 것이다. 집에선 성질도 잘 내면서, 학교에만 오면 새색시마냥 얌전하고 조용해지는 간공주였다.

'누가 먼저 다가와 주면 얼마나 좋을까? 아, 혼자 화장실 가는 거 정말 싫은데. 윽! 화장실 생각을 하니까 갑자기…….'

간공주는 아랫배를 움켜쥐고 복도를 봤다. 여자애들이 삼삼오

오 떼를 지어 화장실로 향하고 있었다.

'왜 화장실까지 같이 다니는 거야! 어휴, 나 혼자 화장실을 가면 다들 힐끔힐끔 쳐다보겠지?'

그 생각을 하니 도무지 발걸음이 떨어지지 않았다. 다음 쉬는 시간에도, 또 그 다음 쉬는 시간에도.

'이, 이젠 한계야. 이번 쉬는 시간에는 꼭 가야 하는데……'

수업 시간 내내 간공주는 식은땀을 흘리며 책상을 박박 긁었다.

사람이 다급하면 천재적인 아이디어가 떠오른다고 했던가? 순간 간공주의 머릿속에 기막힌 아이디어가 떠올랐다.

'아래층 화장실! 그래, 아래층 화장실을 이용하면 다른 애들 눈 신경 쓰지 않고 편하게 일을 볼 수 있어!'

간공주는 쉬는 시간 종이 울리자마자 벌떡 일어나 아래층으로 내려갔다.

"아, 시원하다."

볼일을 보는 당연한 일이 이렇게 기쁠 수 있다니! 얼굴 가득 웃음을 띠며 화장실에서 나오는데, 정겨운과 눈이 딱 마주쳤다.

"엇!"

간공주는 너무 놀라 멍하니 서 있었다.

"너도 여기 사용하는구나. 나도 우리 화장실은 애들이 많아서 여기 사용하는데."

정겨운이 다정하게 말했다. 놀랍게도 정겨운은 혼자였다.

'친구가 있어도 혼자 화장실을 갈 수 있구나. 하긴 화장실 혼자 가는 게 뭐 별거라고.'

문득 별것도 아닌 일을 가지고 전전긍긍한 자신이 한심하고 바보 같이 느껴졌다.

자연스레 정겨운과 간공주는 같이 교실로 향하게 됐다. 아무 말 없이 걷는 게 어색했는지 정겨운이 먼저 말을 걸었다.

"너, 진지혜 전학 가서 힘들겠다."

'이건 기회야!'

간공주는 아이들이 많이 있는 곳에선 꿀 먹은 벙어리였지만, 단둘만 있을 때는 말을 곧잘 하는 편이었다. 간공주는 기회를 놓치지 않고 열심히 말했다.

"으, 응…… 솔직히 좀 놀랐어. 지혜가 갑자기 전학 가는 일이 생길 거라곤 정말 상상도 못 했었거든. 팔자에 이별 수가 있다더니 올 게 온 거지."

"무슨 수? 하하하. 너 되게 웃긴다."

"웃긴 게 아냐, 난 완전 심각하다고. 울 엄마 친구 중에 관상 잘 보는 아줌마가 있거든. 그 아줌마가 그랬어. 팔자에 이별 수가 있다고."

그 엄마 친구가 바로 우장한 엄마다.

"진짜 짜증나는 아줌마야. 단무지 같이 생겨 가지고."

"아하하하하하하."

다행히 정겨운은 간공주가 말만 하면 배를 쥐고 웃어 댔다. 둘은 걷는 내내 화기애애하게 얘기를 나눴다.

'혹시 지금…… 정겨운과 친, 친구가 된 건가?'

간공주는 행복한 기대감에 부풀어 올랐다. 하지만 교실로 들어서자, 정겨운은 간공주는 돌아보지도 않고 자기 자리에 가 앉았다. 다정하게 대화를 나눈 일 따윈 없다는 듯 말이다.

간공주가 자리에 앉자 뒤에서 정겨운과 박미인이 소곤거리는 소리가 들려왔다. 혹시 정겨운이 자신에 대해 말하지 않을까 귀를 잔뜩 기울였지만 간공주에 대한 얘기는 전혀 오가지 않았다.

'도대체 뭘 기대한 거야? 간공주 쟤 알고 보니 재밌더라, 괜찮더라, 뭐 이따위 말이라도 해 주길 바란 거야?'

정겨운이 잘못한 건 아무것도 없었다. 그 짧은 시간 잠깐 이야

기를 나누었다고 해서 친구가 됐다고 볼 수는 없는 일이니까. 하지만 밀려드는 섭섭함은 어쩔 수가 없었다. 입이 썼다.

"이게 바로 인생의 쓴맛이라는 건가?"

간공주는 얼른 입을 틀어막았다. 자신도 모르게 소리 내 말하고 말았다.

"하하핫."

나칠칠이 웃었다. 간공주는 화들짝 놀라 옆 자리에 앉은 나칠칠을 봤다.

"너 참 재밌는 애 같아."

나칠칠이 말했다. 바로 간공주가 정겨운과 박미인에게서 듣고 싶어 한 말이었다. 또다시 가슴이 두근거렸다.

'신경 쓸 거 없어. 사람은 원래 칭찬을 들으면 설레는 거야.'

간공주는 못 들은 척 딴짓을 했다. 잠시 뒤 힐끔 훔쳐보니 나칠칠은 교과서를 보고 있었다. 진도가 달라 적응이 필요한 모양이었다.

'지혜도 지금쯤 저러고 있을까?'

간공주는 낯선 교실에 앉아, 낯선 아이들 틈에서, 낯선 내용을 공부하는 나칠칠이 왠지 짠했다. 그러고 보면 오늘 나칠칠에게 말을 건 아이는 한 명도 없었다.

전학생은 두 부류로 나뉜다. 아이들의 관심을 한 몸에 받든가, 아니면 아예 무시당하든가. 나칠칠은 무시당하고 있었다. 아이들의 호기심을 끌 만한 것이 아무것도 없으니까.

'전학도 쉬운 게 아니구나.'

이미 아이들은 끼리끼리 어울리고 있다. 모두 낯선 아이에게 호기심은 가지지만 자기 무리에 선뜻 끼워주진 않는다. 특히 나칠칠처럼 한눈에 척 봐도 별 볼 일 없어 보이는 아이라면 더욱 끼기 힘들 것이다. 그나마 접근하는 아이가 있다면, 반에서 친구 없이 외롭게 있는 은따나 왕따일 것이다.

간공주는 남자애들 사이에서 은따인 배온달 쪽을 봤다. 아니나 다를까, 배온달은 나칠칠을 보고 있었다. 잔뜩 긴장한 표정에 기대가 서려 있었다.

간공주는 고개를 돌렸다. 갑자기 눈물이 나오려 했다.

배온달도 안됐고, 나칠칠도 안됐다. 둘이 잘 맞아서 친구가 된다 해도 나아질 건 없다. 나칠칠이 배온달과 어울리면, 남자애들은 나칠칠을 더욱 끼워 주지 않을 것이다. 둘 다 은따가 되는 것이다. 남자애들이 다 같이 축구하러 나갈 때, 둘은 당번마냥 쓸쓸히 교실에 남아 있겠지.

간공주의 예감은 들어맞았다.

다음날 교실에 들어와 보니 나칠칠이 배온달과 화기애애하게 얘기를 나누고 있었다.

'아, 정말 슬프다!'

이런 게 동병상련이란 걸까? 은따의 마음은 은따가 안다고, 여자애들 사이에서 은따가 될 위기에 놓여 있는 간공주는 나칠칠과 배온달에게 가슴 깊이 연민을 느꼈다.

"후릅."

간공주는 눈물을 삼키며 코를 들이마셨다.

"안녕."

나칠칠이 간공주에게 인사하며 환하게 웃었다. 간공주는 나칠칠을 향해 쓸쓸하게 미소 지었다.

'그래. 지금은 웃을 수 있겠지. 웃을 수 있을 때 실컷 웃어 두렴. 앞으로 닥칠 운명도 모르고…… 불쌍한 녀석.'

 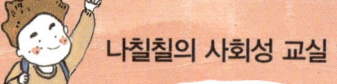 

♥ 소심한 간공주에게 필요한 친구 사귀는 법!

1. 인사 잘하기
인간관계에 있어 인사는 기본 중 기본!

2. 먼저 말 걸기
부끄럽다고? 무슨 일이든 처음이 가장 어려워. 용기를 내 봐.

3. 맞장구 쳐 주기
꼭 말을 잘하는 게 대화를 잘하는 건 아니야. 친구의 말을 진지하게 들어 주고 표현하는 게 더 중요해.

4. 어울리기
고기를 잡으려면 강으로 가야 하고, 친구를 사귀고 싶다면 친구들이 있는 곳에 가야 해. 동아리나 취미 활동에 같이 참여해 봐.

5. 불필요한 걱정 무시하기
날 어떻게 생각할까? 이상하게 생각하지 않을까? 거절당하면 어쩌지? 이런 걱정만 하다간 세월만 간다고. 이제 생각보단 행동을 해 봐.

6. 관찰하기
남들이 날 어떻게 생각할까만 신경 쓰지 말고, 다른 아이들을 관찰해 봐. 아마 그 애들도 너와 비슷한 고민을 하고 있는 게 보일 거야. 남들도 나와 비슷하구나 생각하면 어느새 여유가 생기지.

7. 다양한 친구 사귀기
늘 자신과 비슷한 친구만 사귀진 않니? 혹은 한 친구하고만 친하게 지낸다거나. 다양한 친구와 어울리도록 해 봐. 다양한 경험은 객관적이고 멀리 보는 안목을 키워 줄 거야.

★주의 : 돈이나 선물로 친구를 얻으려는 행동은 어리석은 짓이야. 그런 식으로 얻은 친구는 네가 뭔가 해 주지 않으면 다 떠나 버릴 친구들이라는 거, 명심하길!

더불어 사는 힘_사회성

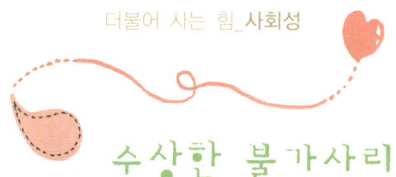

수상한 불가사리

나칠칠이 아이들에게 둘러싸여 있었다.
'도대체 어떻게 된 일이지? 그동안 무슨 일이 있었던 거야?'

'이게 무슨 일이지?'

여느 날과 마찬가지로 우울한 기분으로 교실에 들어서던 간공주는 눈을 마구 비벼 댔다. 눈앞에 일어나고 있는 광경을 믿을 수가 없었다.

나칠칠이 아이들에게 둘러싸여 있었다.

'애들이 떼로 괴롭히고 있는 건가?'

"하하하하."

간공주는 자신의 귀를 의심했다. 아이들의 웃음소리가 들려왔다. 그중에 나칠칠의 웃음소리가 가장 컸다.

간공주가 다가가자, 나칠칠이 언제나처럼 활짝 웃으며 인사했다.

"안녕."

"어, 안녕."

간공주는 얼떨결에 인사를 했다. 이게 간공주가 나칠칠에게 처음 한 인사였다. 나칠칠이 전학 오고 삼 일이나 지났는데 말이다. 처음 인사를 모르는 척 지나쳤더니, 그 뒤에는 인사를 하고 싶어도 할 수 없게 됐다. 모르는 척 하다가, 새삼 인사를 하자니 어색하게 느껴졌기 때문이다. 그리고 나칠칠과 친해지는 게 꺼려졌기 때문이기도 했다. 은따인 배온달과 어울리는 나칠칠과 친하게 지내면, 은따들끼리 어울린다고 다들 수군거릴 것 같았다. 그럼 다시는 평범한 아이들 속에는 낄 수 없게 될 것만 같았다.

그런데 지금 나칠칠이 아이들에게 둘러싸여 있었다.

'도대체 어떻게 된 일이지? 그동안 무슨 일이 있었던 거야?'

그러고 보면 지난 삼 일간 간공주는 쉬는 시간마다 화장실에 있었다. 그것도 반대편 아래층 화장실에. 같은 학년 여자애들이 그쪽에 안 가는 걸 알게 된 뒤로, 쉬는 시간마다 그 화장실에 갔었다. 교실에 바보 같이 혼자 앉아 있는 것보다는 화장실 빈 칸에 앉아 있는 게 나았다.

어쨌든 그 사이에 무슨 일이 있었던 게 분명하다.

'혹시……'

간공주는 나칠칠을 한껏 째려보며 물었다. 물론 마음속으로.

'너! 내가 화장실에 앉아 있는 동안 애들한테 먹을 거라도 돌린 거냐? 그런 거냐?'

그런데 갑자기 나칠칠이 간공주를 홱 돌아봤다.

"오늘 오후에 너도 올 거야?"

'오늘 오후? 또 뭘 돌릴 계획인가? 어딜 오란 말이야?'

무슨 말인지 알 수 없어, 간공주는 나칠칠을 멍하니 보았다.

"나칠칠, 오후에 병막 초등학교 운동장에서 보자. 아자!"

갑자기 우장한이 어디선가 튀어나와 기합을 넣더니 이내 어디론가 사라졌다. 곧이어 복도 어디선가 우장한이 외치는 소리가 들려왔다.

"병막 녀석들을 이기고 돌아오는 거야. 우리에겐 승리뿐! 아자! 아자! 아자!"

우장한이 온 학교를 휘젓고 다니며 기합을 넣고 있었다.

'정말이지 시끄러운 녀석이야.'

엄마는 늘 에너지 넘치는 우장한과 간공주를 비교했다.

-장한이는 공부도 잘하고, 장한이는 친구도 많고, 장한이는 리더십도 있고, 장한이는 힘도 넘치고.

그 말끝에 늘 이런 말이 따라붙었다.

-그런데 넌 왜 그래?

'왜 그런지 알면 내가 이러고 살겠어? 엄마도 참 답답해.'

엄마가 그럴 때마다 간공주는, 시끄럽고 요란한 우장한 따윈 안 부럽다고 대꾸했다. 하지만 사실 부러운 면도 있었다. 어쨌든 많은 친구들을 몰고 다니고, 늘 에너지가 넘쳤으니까.

'저 단무지 녀석은 어떻게 저렇게 에너지가 넘치는 걸까? 생긴 게 건전지랑 비슷해서일까? 아니면 몰래 용한 보약이라도 먹은 걸까?'

간공주가 생각에 잠겨 있는데, 나칠칠이 또 말을 걸었다.

"오늘 병막 초등학교 애들이랑 축구 시합하잖아. 여자애들도 응원 온다던데, 너도 올 거지?"

'아, 그 얘기였구나.'

간공주는 보일 듯 말 듯 살짝 고개를 흔들었다.

"그래? 오면 재밌을 텐데."

나칠칠이 활짝 웃었다. 간공주는 나칠칠 쪽을 보고 있지 않았지만 나칠칠이 웃고 있다는 걸 알 수 있었다. 언젠가 보았던 광채가 나칠칠의 얼굴에서 쏟아져 나와 눈을 뜰 수가 없었으니까.

'앗! 눈부셔.'

그 순간 간공주는 확신했다.

'나칠칠에게는 뭔가가 있어! 마력에 가까운 뭔가가.'

결국 병막 초등학교에 오고 말았다.

간공주는 집에 도착하자마자 옷을 갈아입고 다시 밖으로 나왔다.

'내가 여기 온 건, 나칠칠이 오라고 해서가 절대 아니야. 심심해서 산책 나온 거라고!'

그렇다. 간공주는 심심해서 산책을 나온 것이다. 단지 그 장소가 집에서 30분이나 떨어진 병막 초등학교였을 뿐.

간공주는 운동장으로 들어서다 반 아이들을 발견하곤 후다닥 건물 쪽으로 달려가 몸을 숨겼다. 숨을 이유는 없었지만, 친한 애들도 없는데 이제 와 끼기가 민망했다. 차라리 숨어서 훔쳐보는 쪽이 마음 편했다. 간공주는 혹시나 아이들이 알아볼까 봐 평소 잘 안 입는 옷을 입고, 알 없는 안경을 쓰고, 야구 모자를 눌러쓴 뒤, 마스크까지 착용했다. 하지만 안심할 수는 없었다.

"와아!"

갑자기 들려온 괴성에 가슴이 철렁 내려앉았다. 운동장 쪽을 보니, 우장한이 괴성을 지르며 뛰어다니고 있었다.

"우장한……."

그래, 우장한이 있었다. 이제는 우장한 때문에라도 숨어 있을 수밖에 없었다.

'우장한이 만약 여기서 나를 발견한다면, 그 기차 화통 삶아

먹은 것 같은 목소리로 나를 부를 테고······.'

그 다음 상황은 상상하고 싶지도 않았다.

"내가 어쩌다 그늘만 골라 다니는 어둠의 자식이 되었을까······ 어흑."

눈물을 훔치고 있는데, 아이들이 축구를 시작했다.

"뭐가 어떻게 되고 있는 거야? 나칠칠은 왜 안 보여?"

운동장에서 너무 멀어서 그런지 잘 보이지 않았다. 간공주는 좀 더 잘 보기 위해 자세를 낮추고 구령대 쪽으로 기어갔다. 그러고는 구령대 옆 화단에 납작하게 엎드려 몸을 숨겼다.

남자애들이 마치 인기 있는 아이를 따라다니는 것처럼 공을 따라 우르르 몰려다니고 있었다.

"혹시, 나칠칠의 인기 비결이 축구인가?"

그렇게 생각하니 오늘 아침 일어난 불가사의한 일이 쉽게 납득이 갔다. 남자애들 사이에서 축구를 잘한다는 건 최고의 친구라는 뜻이었다. 우장한이 아이들 사이에서 인기가 많은 이유 중 하나도 바로 축구였다. 그러고 보면 남자애들은 정말 단순하다.

그런데 그때 우장한이 골을 몰고 운동장을 가로질렀다.

"어엇!"

간공주는 자신도 모르게 흥분해 소리를 질렀다.

"슈, 슈, 슈, 슛, 골—인! 헉!"

간공주는 얼른 입을 틀어막고 주위를 휙 휙 둘러보았다. 다행히 아무도 듣지 못한 것 같았다. 공만 우르르 따라다니는 시시한 축구였지만, 보다 보니 꽤 재미있었다. 하지만 우장한의 세레모니를 보고 나자, 기분이 확 나빠졌다.

우장한은 윗옷을 끌어당겨 얼굴에 뒤집어쓰고 운동장을 뛰어다니고 있었다. 누런 배를 출렁이며 뛰어다니는 모습을 보고 있자니, 어제 먹은 자장면이 올라올 것만 같았다.

"어휴, 저 재수 단무지!"

우장한을 보며 입을 실룩거리고 있는데, 갑자기 뒤에서 누가 툭 쳤다.

"야, 간공주!"

"끄아아악!"

돌아보니, 박미인과 왕선해가 서 있었다.

"깜짝이야. 비명은 왜 질러? 너 뭐 죄졌냐?"

박미인이 신경질을 내며 톡 쏘아붙였다.

"그러고 보니……."

왕선해가 쪽 찢어진 눈으로 간공주를 훑어보더니 말했다.

"수상한데? 안경까지 끼고."

"그러게. 너 왜 숨어 있어?"

박미인이 따지듯 물었다.

"수, 숨어 있었던 거 아닌데."

간공주는 죄지은 사람처럼 우물거리며 대답했다.

"아니긴 뭐가 아니야. 그리고 너 여기 안 온다고 하지 않았어? 나칠칠이 오라고 했을 때 싫다고 했잖아."

'낮말은 새가 듣고 밤말은 쥐가 듣는다더니, 박미인이 우리가 하는 얘기를 다 엿듣고 있었네. 근데 왜 우리 얘길 듣고 있었던 거지? 혹시 나칠칠한테 관심 있는 거 아냐?'

간공주는 순간 이성을 잃고, 의심스러운 눈으로 박미인을 훑어봤다.

'에잇, 예쁘잖아. 나칠칠도 박미인한테 관심 있겠지? 이렇게 예쁜데 안 좋아하는 게 이상한 건가?'

돌연 간공주는 기운이 쭉 빠지는 것 같았다.

'내가 나칠칠을 좋아하는 것도 아닌데, 기분이 왜 이렇지?'

"알겠다, 알겠어."

갑자기 왕선해가 방정맞게 박수까지 쳐 대며 말했다. 그러자 박미인이 물었다.

"뭘?"

"간공주가 여기 숨어 있었던 이유!"

그 말을 듣는 순간, 이성이 확 돌아오며 가슴은 철렁 내려앉았다.

'내가 숨어 있었던 이유? 헉! 설마 왕선해가 내가 나칠칠 좋아하는 걸 눈치챈 건가? 악! 내가 지금 무슨 소리를 하는 거야. 내가 무슨 나칠칠을 좋아해? 도대체 내가 왜? 으아아악!'

마음속으로 또 다른 나와 격한 대화를 나누고 있는데, 왕선해가 운동장 쪽을 턱으로 가리키며 말했다.

"너어~ 좋아하지?"

"아, 아니야."

"아니긴, 뭐가 아니야아~."

왕선해와 박미인이 심술궂게 웃으며 다가왔다. 간공주는 주춤주춤 뒤로 물러섰다.

탁!

발꿈치가 화단 턱에 닿았다.

"헉!"

물러설 곳이 없는 간공주를 향해, 왕선해가 얼굴을 잔뜩 들이밀고 말했다.

"너어~ 우장한 좋아하지? 전에 다정하게 얘기 나눌 때부터 알아봤다니까."

'뭐, 뭐가 어쩌고 어째? 얘가 사람을 뭐로 보고! 그 재수 없는 우장한을 누가 어쩐다고?'

"미, 미쳤냐!"

간공주는 욱해서 말하곤, 얼른 입을 틀어막았다.

'맙소사! 미쳤냐라니. 삐치기 대장 왕선해에게 미쳤냐라니! 까칠한 박미인에게 미쳤냐라니! 내가 정말 미쳤지!'

간공주를 보고 있던 왕선해의 콧구멍이 벌렁거렸다. 박미인은 눈썹이 꿈틀거렸다.

'아, 이제 어쩌면 좋지?'

앞으로 일어날 일들이 간공주의 눈앞을 스쳐 지나갔다. '가식쟁이'라는 둥, '이중인격자'라는 둥 아이들이 수군거리는 소리가 들리는 듯했다.

간공주는 눈을 질끈 감았다.

'이게 다 우장한 때문이야. 우장한 얘기에 흥분해서는 그만…… 결국 저 재수 없는 단무지 녀석이 내 인생을 망치는구나!'

"어, 나칠칠 공 잡았다!"

왕선해의 말에 간공주는 눈을 번쩍 뜨고 운동장을 봤다.

'그래, 멋진 슛을 날려 버려.'

간공주는 긴장해서 주먹을 꽉 쥐었다. 월드컵 본선보다 더 떨리는 기분이었다. 왕선해와 박미인 역시 긴장된 표정으로 나칠칠을 주목하고 있었다.

"응?"

나칠칠은 취권을 하듯 비틀거리며 운동장을 가로질렀다.

'뭐지 저건? 신기술인가?'

나칠칠은 얼마 못 가 상대편 아이에게 공을 빼앗겼다.

"뭐야? 잘 못하잖아."

박미인이 실망한 듯 말하며 나칠칠에게서 고개를 돌렸다.

'정말 못하네. 하지만……'

나칠칠은 실력은 형편없었지만, 누구보다 열심히 뛰어다녔다. 간공주는 그 모습이 참 좋아 보였다.

"에이, 시시해."

"야, 가자."

박미인과 왕선해가 팔짱을 끼고 가 버렸다. 간공주와의 일은 나칠칠 때문에 잊어버린 듯했다.

어머 어머 세상에! 평소엔 착한 척하더니…….

아냐, 아냐……

간공주가 우리한테 미쳤냐고 그러더라고. 정말 기가 막혀서.

'나칠칠이 날 살렸어.'

간공주는 멍하니 나칠칠을 보았다. 어느새 경기는 싱겁게 끝나 있었다.

"야, 삼 대 일이 뭐냐. 삼 대 일이! 안 되겠어. 내일부터 지옥 훈련이다!"

우장한이 고함을 쳐 댔고, 아이들이 투덜거렸다. 하지만 간공주의 귀에는 그 소리가 들리지 않았다. 간공주의 눈은 오직 나칠칠만을 보고 있었다.

옆에 있는 배온달과 무슨 재밌는 얘기라도 하는지, 나칠칠이 웃으며 머리를 흔들어 댔다. 땀에 젖은 머리칼이 햇빛에 반짝였다. 하지만 나칠칠의 웃는 얼굴은 더 환하게 빛났다. 간공주는 숨이 막히는 것 같아 가슴을 꼭 눌렀다.

"어떡하지? 나 정말 나칠칠한테 반한 것 같아."

더불어 사는 힘_사회성

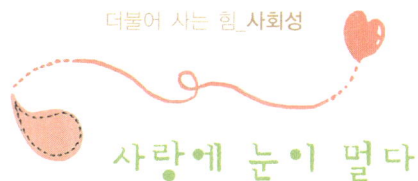

사랑에 눈이 멀다

간공주는 나칠칠을 훔쳐보며 행복해했다.
멀리서라도 나칠칠을 실컷 볼 수 있다는 게 너무 좋았다.

'이건 옳지 않아.'

간공주는 자신의 머리를 쥐어박았다. 하지만 그 와중에도 몸만은 나칠칠의 움직임을 따라 민첩하게 움직였다.

그렇다. 지금 간공주는 사랑에 눈이 멀어 해서는 안 될 짓을 하고 있었다. 바로 나칠칠을 미행하고 있는 것이다.

학교를 마친 뒤, 간공주는 나칠칠을 보고 싶은 마음을 참지 못하고 나칠칠을 따라오고 말았다.

'제발, 이러면 안 돼. 이건 범죄라고! 하지만……'

간공주는 나칠칠을 훔쳐보며 행복해했다. 멀리서라도 나칠칠을 실컷 볼 수 있다는 게 너무 좋았다. 학교에선 그럴 수 없었다. 짝이라 바로 옆자리지만, 오히려 그렇기 때문에 나칠칠 쪽은 쳐다볼 수조차 없었다.

콧노래를 흥얼거리며 걷던 나칠칠이 갑자기 우뚝 멈춰 섰다. 그리고 홱 뒤를 돌아보았다.

샥!

간공주는 빛의 속도로 몸을 숨겼다. 나칠칠은 텅 빈 골목을 보며 고개를 갸우뚱하다 다시 가던 길을 갔다. 간공주는 안도의 한숨을 내쉬었다. 그리고 인간이란 위급한 상황에선 전봇대에도 몸을 숨길 수 있는 존재라는 사실에 감탄했다.

"결국 여기까지 오고 말았구나."

간공주는 방금 나칠칠이 들어간 아파트를 올려다보며 고개를 설레설레 흔들었다. 그러고는 힘없이 뒤돌아서다가 꽥 비명을 지르고 말았다.

"여긴 도대체 어디야!"

나칠칠을 쫓아오는 데만 집중하느라, 길도 기억해 두지 않은 채 어딘지도 모르는 동네에 오고 만 것이다. 간공주는 낯선 건물과 골목들을 보며 길게 한숨을 내쉬었다.

"이제 집에 어떻게 가지?"

다음날, 간공주는 학교 가는 길이 마치 에베레스트라도 등정하는 것 같이 힘겹게 느껴졌다. 어제 집을 찾아 헤매느라 고생한 탓에 온몸이 욱신욱신 쑤셨다.

"아이고, 아이고."

간공주가 아픈 팔다리를 탕탕 두드리며 걷고 있는데, 뒤에서 웃음소리가 들려왔다.

"하하하하."

나칠칠이 간공주를 보며 배를 부여잡고 있었다.

'앗, 눈부셔!'

간공주는 눈을 찡그리며 고개를 돌렸다.

"미안. 기분 나빴어?"

간공주가 눈을 찡그린 게 기분이 상해서라고 오해했는지, 나칠칠이 다가와 사과를 했다.

"아, 아니야."

간공주는 나칠칠의 눈길을 피해 고개를 숙였다. 간공주가 그러거나 말거나 나칠칠은 계속해서 말을 걸었다.

"조금 쌀쌀하다. 그렇지? 벌써 가을이 된 것 같아."

"으, 응."

"어! 저기 색깔 변했다."

간공주는 나칠칠이 가리키는 곳을 바라봤다. 나뭇잎에 언뜻 붉은 기운이 어린 것도 같았다. 하지만 우월하고 분석적인 시력을 가진 간공주는 그것이 빛의 반사임을 한눈에 알아차렸다.

"저건 물든 게 아니야. 빛 때문에 그래 보이는 것뿐이야."

간공주는 말을 하고 나서 아차, 싶었다. 훈훈한 분위기였는데, 딱딱하게 만들어 버린 것이다. 하지만 나칠칠은 어색해하지 않고 다른 화제로 말을 이어 나갔다. 그러고 보면 언제나 먼저 말을 걸어오는 쪽은 나칠칠이었다. 뿐만 아니라 간공주가 인사를 받아 주지 않았을 때도, 계속해서 먼저 인사를 했었다. 만약 나칠칠이 아니라 다른 아이였다면 무시당했다고 기분 나빠하며 간공주를 원수처럼 대했을 텐데 말이다.

"넌 어떤 계절 좋아해?"

"나? 난 글쎄……."

사실 간공주는 딱히 좋아하는 계절이 없었다. 여름은 더워서

사랑에 눈이 멀다 57

싫고, 겨울은 추워서 싫고, 봄은 노곤해서 싫고, 가을은 쓸쓸해서 싫었다.

간공주는 나칠칠을 바라봤다. 웃음기 어린 얼굴 뒤로 하늘이 파랗게 빛나고 있었다. 정신이 아득해져 왔다.

'아, 어째서 세상은 이다지도 아름답단 말인가!'

간공주는 얼른 정신을 다잡으며 얼버무렸다.

"가, 가을? 하늘이 파래서 좋은 것 같기도 하고."

"뭐, 진짜? 나도 가을 좋은데. 앗, 찌찌뽕!"

나칠칠이 간공주의 팔을 살짝 꼬집으며 장난을 쳤다.

만약 같은 장난을 우장한이 쳤다면 '야, 어디서 한물간 장난이야, 너의 그 징그러운 손가락 치워.'라며 면박을 줬을 테지만 나칠칠이 하니 앞서 가는 개그요, 미래지향적 장난으로 느껴졌다.

'찌찌뽕이 영원히 풀리지 않았으면 좋겠다.'

간공주가 정신을 놓고 있는데, 익숙한 목소리가 간공주를 불렀다.

"야, 간공주!"

뒤를 돌아보니, 우장한이 요란하게 뛰어오고 있었다.

"간공주! 넌 왜 아침부터 멍하냐? 밤에 뭐 했어? 역시 엉큼해."

"엉큼하기는 누가 엉……."

간공주는 버럭 소리를 지르다 말고, 스스로를 다독였다.

'칠칠이 앞에서 교양머리 없이 소리를 지를 순 없지. 얜 왜 하필이면 이럴 때 나타나는 거야!'

간공주는 우장한에게만 들리도록 나지막하면서도 재빠르게 속삭였다.

"아는 척 좀 하지 말지~."

하지만 우장한은 눈치 없이 큰소리로 말했다.

"와! 간공주, 너 이제 복화술도 하냐? 말할 때 입술이 하나도 안 움직여. 너 진짜 짱이다. 이 엉큼마녀, 칵칵칵칵."

'아, 혈압!'

간공주는 혈압이 오르는 걸 느끼며, 주먹을 꽉 움켜쥐었다.

"안녕?"

옆에 있던 나칠칠이 웃으며 우장한에게 인사했다. 하지만 우장한은 나칠칠을 힐끗 보더니, 얼굴까지 확 굳어서는 인사도 않고 휙 가 버렸다.

'쟤 왜 저래? 사람 무안하게.'

마침 남자애들이 나칠칠에게 우르르 몰려들어 간공주는 슬그머니 빠져나왔다.

나칠칠은 아이들과 어제 한 게임에 대해 신나게 떠들고 있었다. 그 모습이 이제 갓 전학 온 아이가 아니라, 원래 그 자리에 있던 아이처럼 자연스러웠다.

  '나는 이 학교만 5년을 다녔어도 아직 어색한데.'

  간공주는 새삼 나칠칠이 부러웠다. 그러고 보면 아까 간공주와 얘기할 때도, 할 말이 없어 어색해하는 간공주와는 달리 나칠칠은 자연스럽게 대화를 끌어갔었다. 간공주는 이제껏 반 친구들을 대할 때면, 잘 알지도 못하고 친하지도 않아서 할 말이 없다고 생각했다. 하지만 아까 나칠칠과의 대화는 분명 즐거웠다. 나칠칠과 간공주 역시 친하지도 않고 잘 알지도 못하는 사이인데 말이다.

  '어쩌면 꼭 특별한 얘길 해야만 하는 건 아닐지도 몰라.'

  교실에 들어가면 아이들과 대화를 해 보리라 다짐하는데, 앞에 우장한이 혼자 걸어가고 있는 게 보였다.

  '우장한이 혼자 다닌 적이 있던가?'

  간공주는 우장한의 뒷모습을 빤히 보았다. 왠지 우장한의 뒷모습이 쓸쓸하게 느껴졌다.

  '왜 혼자지? 친구들이랑 싸우기라도 한 건가?'

더불어 사는 힘_사회성

고맛 친구 하나

아무리 살펴도 친구 할 만한 아이는 보이지 않았다.
그리고 간공주와 친해지려고 하는 아이도 보이지 않았다.

'쳇, 일은 무슨 일. 그럼 그렇지.'

교실에 들어오니, 우장한은 평소와 다름없이 요란하게 놀고 있었다. 간공주는 잠시나마 우장한을 걱정한 자신이 한심해 혀를 끌끌 찼다.

'친구 문제로 힘들어하는 건 바로 나잖아, 나! 어유, 한심한 간공주! 이런 걸 두고, 쥐가 고양이 불쌍해한다고 하는 거라고. 아, 난 왜 이렇게 아는 것도 많은 거야.'

간공주는 교실에 들어서며 아무나 붙잡고 나칠칠처럼 자연스런 대화를 하리라 다짐했지만, 결국 용기가 나지 않아 시도하지 못했다.

간공주는 책상에 축 늘어지듯 엎드려 교실을 둘러봤다. 아무리 매의 눈을 하고 살펴도 친구 할 만한 아이는 보이지 않았다. 그리고 간공주와 친해지려고 하는 아이도 보이지 않았다.

'고깟 친구 하나 사귀는 게 왜 이렇게 힘드냐. 아, 힘들다! 힘들어.'

"공주야~."

'뭐지? 날 부르는 이 부드러운 목소리는?'

조심스레 뒤를 돌아보니, 정겨운이 다정하게 웃고 있었다.

"너도 이거 하나 할래?"

정겨운이 지우개를 내밀었다. 조그마한 과일 모양 지우개 세트였다.

"어? 어."

간공주는 얼떨결에 지우개를 하나 받아 들었다. 딸기, 사과, 바나나, 포도, 배 중에서 바로 배였다.

간공주는 '그 지우개 세트는 나도 이미 수두룩하게 가지고 있어. 책상 안에서 막 굴러다니지. 잘 지워지지도 않거든. 지우개지만 지우개가 아니라고나 할까? 거기다 그 누런 배는 제일 싫어

해.' 라는 말 따윈 하지 않았다.

"고, 고마워."

간공주는 진심으로 고마웠다. 비록 별로 필요치 않은 지우개였지만, 그 작은 선물이 너무나 귀하게 느껴졌다. 바로 친구가 준 것이기 때문이다.

'친구…… 우린 친구인 걸까?'

간공주는 지우개를 필통 한 귀퉁이에 넣어 놓고 수시로 들여다봤다. 그리고 자신도 정겨운에게 뭔가를 해 주고 싶다고 생각했다. 그때였다.

"아, 힘들어."

정겨운이 힘들어하고 있었다.

'도대체 무슨 일이지?'

"왜? 학원 숙제가 많아?"

박미인이 물었다.

"응. 어제 쪽지 시험 틀린 거 다섯 번씩 적어야 하거든. 그냥 따라 적기만 하면 되는 건데…… 손이 너무 아프네."

"그래?"

"아, 힘들어."

"그럼 좀 쉬었다가 내일 해."

"안 돼. 오늘까지 꼭 해 가야 돼."

"그래?"

"아, 힘들어."

그 이후로도 정겨운은 계속 힘들어했지만, 박미인은 들은 척도 하지 않았다.

'저, 피도 눈물도 없는 것. 친구라면 좀 도와줘야 하는 거 아닌가?'

"아, 힘들다……."

다시 정겨운의 고통스러운 목소리가 들리자 간공주는 참지 못하고 뒤를 돌아보고 말았다.

"내가 좀 도와줄까?"

"저, 정말?"

정겨운은 눈물을 글썽이며 말했다. 그리고 간공주를 향해 노트를 내밀었다.

간공주는 쉬는 시간마다 정겨운의 숙제를 대신하느라 화장실에 갈 짬도 낼 수가 없었다. 간공주는 자기 숙제보다도 더 정성껏 정겨운의 숙제를 하며 생각했다.

'친구라면 물건을 나눠 갖기도 하고, 숙제를 도와주기도 하는 거야…….'

다행히 수업이 끝나기 전에 정겨운의 숙제를 마칠 수 있었다.

"아, 뿌듯하다."

간공주는 신발을 신고 현관을 나서며 한껏 기지개를 폈다. 보람찬 하루를 마치고 집으로 돌아가려고 하는데, 구령대 앞에서 같은 반 남자아이들이 웅성거리고 있는 게 보였다.

간공주는 본능적으로 나칠칠을 찾았다.

"어라?"

나칠칠의 얼굴이 어쩐 일인지 굳어 있었다. 그리고 우장한도 굳은 얼굴로 마주 보며 서 있었다. 뭔가 심상치 않아 보였다.

간공주는 얼른 구령대 뒤로 가 몸을 숨기고 엿들었다.

'엿듣는 건 반새 반쥐 같은 박미인이나 하는 짓인데. 이러면 안 되는데……'

하지만 이미 간공주의 귀는 놀라운 청력을 발휘하며 아이들이 하는 말은 물론, 숨소리까지도 잡아채고 있었다.

"그래서 넌 안 하겠다고?"

우장한이 윽박지르듯 말했다.

"응. 난 좀 힘들어서. 축구를 잘하는 건 좋은데, 괴로워하면서까지 하고 싶지는 않아."

나칠칠이었다.

'안 돼! 장한이랑 싸워서 좋을 것 없어. 그러다 자칫 친구를 다 잃는다고.'

간공주는 조마조마했다.

"잘하려면 괴로운 것 정도는 참아야 하는 거 아니냐?"

우장한이 기가 차다는 듯이 목소리를 높였다. 하지만 나칠칠은 조금도 주눅 들지 않고, 담담하게 자기 의견을 얘기했다.

"내가 정식 축구 선수가 되고 싶다면 그렇게 해야겠지만, 난 그냥 놀이로 즐기는 것뿐이야. 그리고 하기 싫은 사람까지 억지로 할 필요는 없다고 생각해."

나칠칠이 가방을 메고 운동장을 가로질러 갔다. 간공주는 벌떡 일어나 나칠칠의 뒷모습을 보았다.

"머, 멋지다!"

그때 남은 아이들이 한마디씩 했다.

"나도 안 할래."

"맞아. 우리가 축구 선수도 아닌데, 지옥 훈련은 좀 심한 것 같아."

"난 그거 때문에 피곤해서 코피까지 났다고."

"칠칠아, 같이 가자."

아이들이 우르르 나칠칠을 따라갔다.

구령대 앞에는 우장한 혼자만 남았다. 하지만 간공주는 그런 우장한을 신경 쓸 겨를이 없었다. 어느새 간공주 역시 나칠칠의 뒤를 쫓고 있었다. 물론, 몰래 쫓는 거였다.

'아, 정말 이러면 안 되는데. 내가 왜 자꾸 어둠의 자식이 되어 가는 거야!'

 **나칠칠의 사회성 교실 2**

♥ 부담스러운 리더십 우장한에게 필요한
　　　독불장군에서 벗어나는 방법!

1. **배우려는 자세**
   가르치려 들지만 말고, 배우려는 자세를 지녀 봐.
   벼도 익을수록 고개를 숙이는 법이야.

2. **친구를 무시하지 마라**
   친구가 자신보다 못하다고 깔보거나 무시하는 행동을
   해서는 안 돼. 누구나 장단점이 있거든. 너보다
   못하다고 생각하는 그 친구 역시, 그 친구만의 장점이 있어.

3. **친구가 말할 때 잘 들어 주기**
   친구는 네가 하는 말을 일방적으로 따르는 사람이 아니야. 다른 사람의
   의견을 경청할 줄 알 때, 진짜 리더가 되는 거라고.

4. **고집을 부리지 마라**
   자존심 때문에 억지를 부리는 것만큼 어리석은 것도 없어. 진정한 승리는
   우겨서 얻을 수 있는 게 아니야. 특히, 친구 관계에 있어서는 다른 사람의
   의견을 존중해 줄 줄 알고, 의견을 굽힐 줄도 알아야 원만한 관계를 이룰 수 있지.

5. **약점을 숨기지 마라**
   친구들에게 완벽한 모습만 보여 주고 싶니? 세상에 완벽한 사람은 없어.
   네가 약점을 솔직하게 내보일 때, 친구들은 오히려 네 편이 되어 줄 거야.

6. **정정당당하게 승부하고 패배를 인정하라**
   모든 일에 정당하게 행동하고, 패배를 인정할 줄 알아야 친구들과
   건강한 관계를 형성할 수 있어.

part 2

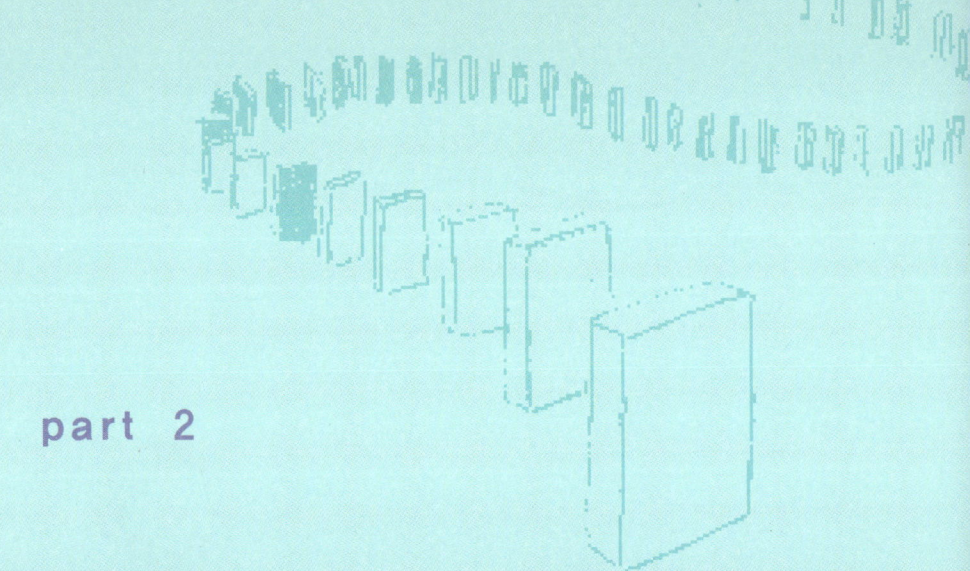

더불어 사는 힘_사회성

사회의 규칙 잘 지키기

사회성을 키우려면 규칙을 지킬 수 있어야 합니다.
규칙만 잘 지키면 서로 싸우고 헐뜯으며 또래에게
미움을 받는 일은 없습니다. 새치기를 하지 않고,
때리고 욕하지 않으며, 주어진 일을 성실히 수행하는 것은
많은 사람들에게 믿음을 주는 일이기 때문입니다.

이보연 (이보연 아동가족상담센터 소장)

더불어 사는 힘_사회성

또 한 명의 반새 반쥐

간공주는 한숨을 크게 내쉬었다. 왕선해가 알았으니,
반 전체에 소문이 나는 건 시간 문제였다.

"나 이제 집에 어떻게 가지?"

나칠칠의 아파트를 등지고 선 간공주의 눈 밑에 다크서클이 짙게 내려앉았다.

결국 또 나칠칠의 집까지 미행하고 말았다.

간공주는 아파트 벽에 등을 기대고 퍼질러 앉았다. 그 모습이 흡사 모래바람 흩날리는 황야의 패배자 같았다.

간공주는 고뇌에 찬 표정으로 전에 어떻게 집에 찾아갔는지 떠올려 보려 애를 썼다. 하지만 머릿속에 지우개라도 들었는지, 토막토막 난 길들만 떠오를 뿐, 좀처럼 이어지지 않았다.

"야, 간공주!"

그런데 갑자기 누군가 얼굴을 쑥 들이밀었다.

"와, 왕선해!"

왕선해는 빙글빙글 웃으며 간공주를 빤히 쳐다봤다.

"난 다 봤다."

왕선해가 뜬금없이 말했다.

"뭘?"

왕선해는 음흉하게 웃더니, 은밀하게 속삭였다.

"너 나칠칠 미행하는 거!"

"히익!"

간공주는 너무 놀라 입을 틀어막았다.

'낮말은 새가 듣고 밤말은 쥐가 듣는다더니. 이건 뭐, 낮의 행동은 새가 보고 밤의 행동은 쥐가 보는 건가? 반새 반쥐 같은 인간이 박미인 말고도 또 있었을 줄이야!'

간공주는 허를 찔린 기분에 신음을 내뱉었다.

"끄으으응."

간공주는 착잡한 얼굴로 물었다.

"넌 대체 왜 날……."

"왜 널 쫓아왔냐고? 칫, 내가 너 같은 줄 아냐? 쫓아온 게 아니라 우리 집이 이 동네거든. 집에 오는 내내 네가 앞에서 얼쩡거리더라고. 전봇대 뒤에 숨었다가, 담벼락에 붙었다가 하면서. 그리고 그 앞엔 나칠칠이 걸어가고 있고. 척하면 착이지."

'등잔 밑이 어둡다더니, 왜 나는 뒤를 돌아보지 않은 것인가.'

간공주는 한숨을 크게 내쉬었다. 왕선해가 알았으니, 반 전체에 소문이 나는 건 시간 문제였다.

―간공주가 나칠칠을 미행했다고?

―어머, 웬일이니! 웬일이야!

―그럼, 간공주가 나칠칠 좋아하는 거야?

―좀 무섭다. 아무리 좋아해도 그렇지. 그건 범죄잖아. 그걸 뭐라고 그러더라?

―스. 토. 커!

―얌전하게 생겨가지고 엉큼하기도 하지.

마침, 간공주가 교실로 들어선다.

―스토커 온다. 스토커.

다 들리게 쑥덕거리는 아이들. 그리고 난데없이 튀어나와 간공주를 크게 부르는 우장한!

―야, 엉큼마녀스토커!

'안 돼! 아아아아악!'

간공주는 끔찍한 상상을 털어 버리려 머리를 흔들었다. 그런데 왕선해가 생뚱맞게 물었다.

"근데, 넌 왜 나칠칠을 미행한 거야?"

"응?"

왕선해가 다시 순진한 표정으로 물었다.

"너 우장한 좋아하잖아. 근데 나칠칠은 왜 미행한 거야?"

'이런 바보를 보았나.'

간공주는 어이가 없어 얼굴을 찡그렸다. 하마터면 '왜냐니? 좋아하니까 미행하는 거지. 척 보면 모르냐?' 하고 버럭, 소리를 지를 뻔했다.

하지만 왕선해는 정말 이유를 모르겠는지 멀뚱멀뚱한 표정으로 눈을 깜박였다. 그러다 조금 머리가 돌아가는지 눈을 번뜩이며 입을 열었다.

"너 설마 나칠칠을······."

"아냐, 아니라고! 그게 아니라······."

"그게 아니라 뭐?"

왕선해가 얼굴을 바짝 들이밀었다. 그 얼굴에는 궁금증이 가득하다 못해 넘쳐흐르고 있었다.

"그게 아니면 뭔데?"

간공주는 식은땀이 흘렀다.

'어떡하지? 어떡하지?'

간공주는 저도 모르게 거짓말이 나왔다.

"난 지금…… 나칠칠을 감시하고 있어!"

그리고 버럭 화를 냈다.

"나칠칠 좀 이상하다고 생각되지 않니? 은따 배온달이랑 친하게 지내고, 게다가 애들이랑 어울리는 모습을 봐. 그게 어디 며칠 전에 전학 온 아이의 모습이며, 태도니? 적응력이 좋아도 너무 좋잖아. 뭔가 이상해. 나칠칠은 뭔가 숨기는 게 있어."

'난 정말 순발력이 좋아!'

간공주는 속으로 쾌재를 불렀다.

"칫, 핑계는."

왕선해가 피식 웃었다. 다시 간공주의 가슴이 철렁 내려앉았다.

'이런, 역시나 안 먹히는 거였나?'

"칫, 너 사실은 우장한 때문이잖아."

"뭐?"

"우장한 때문에 나칠칠 감시하는 거잖아. 다 알거든!"

왕선해의 상상력은 진실을 전혀 다른 방향으로 몰아가고 있었다. 일이 이상하게 꼬이고 있었다. 간공주는 머리가 어질어질했다.

갑자기 왕선해가 간공주의 팔짱을 끼며 말했다.

"뭐, 어쨌든 비밀로 해 줄게."

간공주의 얼굴이 활짝 펴졌다. 비밀로만 한다면야, 왕선해가 오해를 하든 말든 상관없었다. 하지만 세상 모든 일이 그렇듯 이번 역시 호락호락하지 않았다. 왕선해가 그 불길한 입을 열었다.

"나도 도와줄게."

"뭐어?"

간공주의 얼굴이 확 일그러졌다.

"돼, 됐어. 안 도와줘도 돼. 안 도와줘도 된다고!"

간공주는 다급하게 외쳤다.

하지만 마침, 말할 나위 없이 한가할 뿐만 아니라 심심하기까지 했던 왕선해에겐 그 말이 전혀 들리지 않았다.

"그러고 보니까 나도 평소에 나칠칠을 의심스러워하고 있었던 것 같아. 우리 여기서 이럴 게 아니라 떡볶이라도 먹으면서 계획을 짜 보자!"

간공주는 손을 휘휘 내저었지만, 왕선해는 활짝 웃으며 간공주를 또또분식으로 끌고 갔다.

"걔 진짜 의심스럽긴 해. 갑자기 남자애들 사이에서 중심이 돼 버렸잖아? 따지고 보면 볼 거 하나도 없는데. 나칠칠은 정말 불가사의야."

'걘 불가사의가 아니라 불가사리야. 그리고 내가 볼 땐 나칠칠이 인기 있는 것보다, 네가 친구 있는 게 더 불가사의하다.'

"이참에 나칠칠의 정체를 밝혀 버려야겠어!"

왕선해는 비장하게 말했다. 하지만 떡볶이가 나오자 나칠칠은 싹 잊어버리고 쓸데없는 수다를 떨어 대기 시작했다.

"아, 맛있다! 이렇게 먹으면 안 되는데. 나 뚱뚱하지? 그렇지, 그렇지?"

사실 왕선해는 뚱뚱까진 아니었지만 통통하긴 했다. 하지만 간공주는 예의상 이렇게 말해 주었다.

"아니야. 너 전~혀 안 뚱뚱해. 딱 보기 좋아. 딱!"

"정말?"

"응. 그렇다니까."

"아, 다행이다. 더 먹어야겠다. 아주머니, 여기 순대도 주세요!"

왕선해가 외쳤다. 간공주는 그 모습을 보며 몰래 한숨을 내쉬었다.

'긍정적인 게 꼭 좋은 것만은 아니구나.'

왕선해가 떡볶이 국물에 순대를 찍어 먹으며 말했다.

"참, 너 오늘 정겨운 숙제 해 줬지?"

"어, 그걸 네가 어떻게 알아?"

"내가 모르는 게 어딨냐? 박미인이 와서 그러더라고."

"박미인이?"

'반새 반쥐 같은 애가 입까지 가볍다니.'

간공주는 박미인이 못마땅해 눈을 착 내리깔았다.

'보나 마나 내 험담을 해 댔겠지. 내가 정겨운이랑 친해지는 게 못마땅할 테니까. 흥!'

사실 정겨운과 친해지면서부터 간공주는 박미인이 내내 거슬렸다. 그런데 왕선해가 엉뚱한 소리를 했다.

"박미인이 너 걱정하더라고."

"날? 걔가 왜 날 걱정해?"

왕선해는 잠깐 시무룩한 표정을 하더니 뜬금없이 말했다.

"겨운이는 그다지 믿을 만한 친구가 아니거든."

"겨운이가?"

간공주는 속으로 박미인과 왕선해를 욕했다.

'흥! 내가 겨운이랑 친하게 지낼까 봐 샘내는 거 다 알거든. 겨운이가 믿을 만하지 않다고? 그 착한 애가? 믿을 만하지 않은 건 바로 너랑 박미인이겠지!'

"너 방금 믿을 만하지 않은 건 바로 나라고 생각했지."

"아, 아니야."

"칫, 아니긴 뭐가 아니야. 얼굴에 딱 써 있는데."

왕선해는 금세 삐쳐서는 입을 비죽거렸다.

"아니라니까."

"칫, 됐어!"

왕선해는 발딱 일어나 밖으로 나갔다.

'어휴, 저 삐치기 대장. 암만 봐도 정겨운이 너보다 백배는 낫다!'

간공주는 또또분식을 나오다 흠칫 놀랐다. 왕선해가 팔짱을 끼고 기다리고 있었다. 왕선해는 입을 비죽비죽하더니 말했다.

"내일 학교에서 보자."

"으응."

간공주는 쥐어짜듯 대답했다. 썩 보고 싶지 않았다.

"잘 가."

왕선해는 삐쳤어도 손을 흔들며 인사했다.

"으응, 너도."

간공주도 마지못해 손을 흔들었다. 왕선해는 뭔가 미련이 남은 것 같은 표정으로 돌아섰다. 그런데 그 순간, 충격적인 사실이 간공주의 머리를 스쳤다.

'앗! 나 집에 가는 길 모르지.'

"서, 선해야!"

왕선해가 기대에 찬 얼굴로 돌아보았다.

"어머, 왜?"

"너 여기서 정신아파트 어떻게 가는 줄 아니?"

"뭐? 거긴 왜?"

"우리 집이거든."

"뭐라고? 아하하하하하하."

왕선해는 농담인 줄 아는지 한참 동안 배를 그러쥐고 웃었다.

"너 진짜 웃긴다. 자기 집 가는 길을 나보고 가르쳐 달래. 아하하하하하."

"저기, 여기서 학교 가는 길만이라도……."

'학교에선 집에 찾아갈 수 있으니까! 제발, 제발 가르쳐 줘!'

"아하하 학교래! 아하하하하. 아, 웃겨. 간공주 내일 보자!"

왕선해가 손을 흔들며 돌아섰다.

"아니, 저기! 그게 아니라……."

하지만 왕선해는 돌아보지 않았다. 그리고 빛의 속도로 멀어져 갔다. 간공주는 얼굴의 반이 다크서클로 짙게 드리워진 채 넋이 빠진 표정으로 서 있었다. 어둑어둑해져 가는 길을 휘휘 둘러보다, 머리를 쥐어뜯으며 외쳤다.

"아, 나 진짜 모른다고! 우리 집 가는 길 모른다고!"

더불어 사는 힘_사회성

행복 다음엔 불행, 불행 다음엔 암흑!

세상을 다 가진 것 같은 행복감이 밀려들었다.
하지만 늘 그랬듯, 이번 행복 역시 오래가진 않았다.

지친 몸을 이끌고 가는 등굣길이었다.

"아~이고! 아~이고!"

간공주는 신음을 내뱉으며 간신히 걸음을 옮겼다. 어제 집을 찾아 밤늦게까지 헤매느라 안 아픈 곳이 없었다.

'할머니가 늘 말하던 온몸이 쑤신다는 게 이런 거였구나. 다음에 버스를 타게 되면 꼭 할머니, 할아버지에게 자리 양보해야지. 난 정말 착하단 말이야.'

간공주가 다짐하고 있는데, 뒤에서 부드러운 목소리가 들렸다.

"공주야."

정겨운이었다.

"어젠 정말 고마웠어."

정겨운이 생긋 웃으며 말했다. 그 말 한마디에 간공주는 온 몸이 낫는 것 같은 기분을 느꼈다.

'네가 바로 만병통치약이로구나.'

간공주는 정겨운에게 할머니 미소로 답했다.

교실에 들어선 뒤에도 둘 사이에는 훈훈한 분위기가 감돌았다. 간공주는 정겨운과 부쩍 친해진 걸 느꼈다. 그래서 정겨운이 미술 시간에 끙끙거리는 걸 보고, 그냥 지나치지 않았다.

정겨운이 뒤에서 조그맣게 속삭였다.

"공주야, 너 정말 잘 그렸다. 근데 그거 나 주면 안 돼?"

"응? 그, 그래."

간공주는 자기가 그리고 있던 정물화를 정겨운에게 선뜻 주었다. 사과에 덧칠만 조금 더 하고, 그림자만 그려 넣으면 완성되는 거였다. 하지만 하나도 아깝지 않았다. 물론 선생님 몰래 그런 짓을 하는 게 마음에 걸리긴 했지만, 친구라면 그 정도는 할 수 있다고 생각했다.

'귀하디귀한 친군데, 이정도 쯤이야.'

간공주는 빛의 속도로 그림을 다시 그리기 시작했다. 물론 정겨운에게 준 첫 번째 그림의 발끝에도 미치지 못하는 수준이었지만 속상하지 않았다. 귀한 친구니까!

간공주의 희생과 노력은 헛되지 않았다.

집에 가기 전에 정겨운이 간공주에게 이렇게 속삭인 것이다.

"공주야, 다음에 우리 집에서 숙제 같이 하자."

간공주는 너무 기뻐 입을 틀어막았다. 집에 데리고 간다는 건, 보통 친구란 뜻이 아니었다. 정말 친한 친구, 절친, 단짝, 베프란 뜻이었다!

"할렐루야!"

세상을 다 가진 것 같은 행복감이 밀려들었다. 하지만 간공주의 인생이 늘 그랬듯, 이번 행복 역시 오래가진 않았다.

간공주가 텅 빈 교실 한가운데 서서 만세 삼창을 하고 있을 때였다. 불현듯 누군가의 기척이 느껴졌다.

"내가 너 복화술 쓸 때부터 알아봤다. 쯧쯧."

우장한이었다.

"뭐냐? 교실에서. 보통 엉큼한 게 아니라니까."

'얘는 왜 꼭 이럴 때 나타나는 거야! 아휴, 재수 단무지.'

"야! 그러는 넌 왜 아직까지 집에 안 가고 있는 건데? 정말 짜증나서."

간공주가 팩 하고 교실을 나서려는데, 갑자기 뒷문에서 누군가 짠 하고 튀어나왔다.

"꺅!"

"칫, 놀라긴."

이번엔 왕선해였다.

왕선해는 빙글빙글 웃더니, 그 불길한 입을 열었다.

"오늘부터 나칠칠 조사 같이 하기로 했잖아~."

"뭐어?"

간공주는 입을 떡 벌리고 왕선해와 우장한을 번갈아 보았다. 왕선해가 간공주를 향해 되지도 않는 윙크를 해 댔다. 결국 단단히 오해한 왕선해가 우장한까지 끌어들인 것이었다.

"얘긴 들었어."

우장한은 그새 진지해져 있었다.

"도대체 무, 무슨 얘기?"

"네가 하고 있는 일에 대해."

우장한이 비장하게 입을 열었다.

"나도 녀석의 정체를 밝히는 일에 열정을 불사르겠어!!"

우장한의 눈에서 레이저 광선에 가까운 빛이 뿜어져 나왔다.

"어! 어! 어……."

간공주는 기가 막혀 말이 나오지 않았다. 이로써 간공주는 또 한 가지 사실을 알게 되었다. 사람이 너무 기가 막히면 말이 나오지 않는다는 사실을. 간공주가 굳은 목을 그러쥐고 있는데, 왕선해가 간공주의 팔짱을 끼며 잡아끌었다. 설상가상 우장한이 뒤에서 밀고 있었다. 간공주는 자신의 인생에 짙은 먹구름이 몰려들고 있는 것을 느꼈다.

'이건 아니야! 이건 아니라고!'

간공주는 외쳤다. 그러나 그것은 말이 되어 나오지 않았다. 간공주는 한 가지를 더 알게 되었다. 행복 뒤엔 반드시 불행이 온다는 것을!

떡볶이 접시를 앞에 놓고 세 아이는 말이 없었다.

간공주는 기진맥진해 말이 나오지 않았고, 우장한은 떡볶이를 잡아먹을 듯 노려보고 있었으며, 왕선해는 연신 간공주를 향해 윙크를 날려 대고 있었다.

우장한이 침묵을 깨며 입을 열었다.

"실은 나도 뭔가 이상해서 나름대로 조사를 하고 있었어."

"조사?"

간공주와 왕선해는 깜짝 놀라 우장한을 보았다.

우장한은 떡볶이 두 개를 한꺼번에 입에 넣더니, 노트를 꺼내 탁자 위로 던졌다.

'설마, 나칠칠한테 정말 뭔가가 있는 건가?'

간공주는 떨리는 손으로 노트를 펼쳤다.

〈나칠칠 조사 보고서〉

9월 27일

1. 굴러온 돌 같은 녀석이…… 에잇, 짜증난다.

2. 축구도 못하면서! 게임도 못하면서!

3. 느끼하게 웃는다. 완전 느끼한 놈이다.

4. 모든 면에서 우월한 나보다 인기가 많다. 이건 있을 수 없는 일이다. 뭔가 속임수가 있지 않고는 있을 수 없는 일이다. 혹시 이름 때문일까? 나칠칠! 이름에 7이 두 개나 있기 때문일까? 7은 행운의 숫자. 칠, 칠, 나칠칠, 나77! 아, 녀석의 이름에서 7을 지워 버리고 싶다. 나칠칠의 이름에 점 하나만 찍으면 나철철, 나찰찰…….

$7 \times 7 = 49$ $7+7 = 14$ $7-7 = 0$ $7 \times 10 + 7 \times 1 = 77$

아, 머리가 깨질 것 같아!

9월 28일

오늘 '불타는 공' 축구 팀원들, 아니지 팀원이었던(이젠 깨졌으니까. 이게 다 나칠칠 때문이야!) 애들이 나칠칠과 화기애애하게 웃는 것을 보았다. 어떻게 이런 일이! 재수 없는 녀석. 밉다! 나칠칠이 밉다!

노트에는 그 외에도 13페이지에 걸쳐 나칠칠에 대한 온갖 험담들이 적혀 있었다.

간공주는 혈압이 오르는 걸 느끼는 것과 동시에 우장한에게 노트를 집어 던졌다.

"이 바보야, 이건 조사가 아니라 일기잖아. 일기!"

"그, 그런가?"

우장한은 눈을 몇 번 깜빡이더니, 간공주의 손을 덥석 잡으며 말했다.

"역시! 넌 전문가 같아."

"것 봐, 내가 그랬잖아. 공주는 아마추어가 아니라고. 미행까지 하더라니까."

우장한과 왕선해가 눈을 반짝이며 간공주를 보고 있었다. 간공주가 입을 열었다.

"너희들 안 바쁘니?"

우장한과 왕선해가 동시에 고개를 끄덕였다. 간공주가 다시 이를 악물고 물었다.

"학, 원, 안, 가?"

"또 복화술 한다. 복화술."

"어, 진짜! 공주는 참 재주도 많네."

"학원 안 가냐고!"

"야, 그깟 학원이 문제야? 엄마한테 너랑 같이 공부한다고 얘기해 뒀어!"

우장한이 버럭 화를 냈다. 간공주는 한숨을 내쉬며 이번엔 왕선해를 보았다. 왕선해는 눈을 내리깔며 작은 목소리로 웅얼거렸다.

"사실은 얼마 전에 학원 다 끊었어."

하지만 이내 고개를 번쩍 쳐들고는 흥분해서 떠들어 댔다.

"글쎄, 나보고 만날 삐친다고 그러더라니까. 내가 그런 억울한 소리 듣고 걔들이랑 같이 다니게 생겼냐? 너희들 내가 삐치는 거 봤어? 나 진짜 왕착하거든!"

결국 왕선해는 같이 학원 다니는 친구들한테도 삐쳐서 학원을 그만둔 거였다.

"왕착하긴, 왕삐침이지. 너 만날 삐치잖아."

우장한이 눈치 없이 말했다.

"뭐…… 뭐라고?"

왕선해의 얼굴이 충격으로 하얗게 질렸다. 간공주는 몸 둘 바

를 몰라하다가 얼른 화제를 돌렸다.

"어, 어쨌든 나칠칠 감시해서 뭘 어쩔 건데?"

"그거야 당연히…… 녀석의 약점을 잡아야지!"

우장한이 떡볶이를 거칠게 물어뜯었다.

"잡아서?"

왕선해가 어느새 눈을 빛내고 있었다.

"진실을 밝히는 거지!"

"누구한테?"

간공주는 침을 꿀꺽 삼켰다.

"우리 반 모두한테! 하하하하하."

우장한은 생각만 해도 기쁜지 화통하게 웃으며 떡볶이를 우적우적 씹어 먹었다.

간공주는 나칠칠이 정말 어떤 약점을 잡혀서 모두에게 손가락질 받는 날이 올까 봐 불안했다. 하지만 한편으론 나칠칠을 조사하고 싶은 마음도 있었다. 나칠칠에 대해 더 알고 싶었고, 그 핑계로 나칠칠을 계속 훔쳐볼 수도 있을 것이다.

간공주는 머릿속으로 재빨리 계산을 했다. 우장한, 왕선해와 같이 엮이는 건 찜찜한 일이었지만, 나칠칠을 조사하는 데는 도움이 될 것 같았다. 그리고 만약의 사태에 우장한을 막기 위해서라도 자신이 끼어 있는 게 나을 것 같았다.

그러다 나칠칠이 간공주를 좋아한다는 증거라도 잡게 되면, 그때 가서 나칠칠에게 고백을 할 계획이었다.

'그래, 긍정적으로 생각하는 거야. 긍정적으로 생각하는 사람에게 행복이 찾아온다고 했어. 아, 정말 난 왜 이렇게 아는 것도 많은 거야.'

그렇게 나칠칠의 음모를 파헤치는 모임 '나음모'가 결성되었다.

더불어 사는 힘_사회성

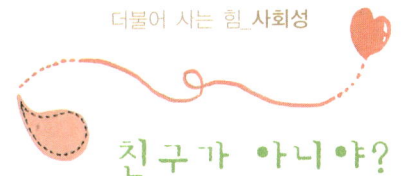
친구가 아니야?

친구가 아니라면 어떻게 황금연필을 건넬 수 있단 말인가!
간공주는 연필에 신이라도 내린 듯 정겨운에 대해 써 내려갔다.

"아, 이, 고! 죽겠다."

나날이 피로가 누적되는 걸 온몸으로 느끼면서 수업을 듣고 있을 때였다. 간공주만큼이나 피로해 보이는 얼굴로 수업을 하던 선생님이 돌연 책을 덮으며 말했다.

"오늘은 친구에 대한 글을 한번 써 볼까?"

선생님은 스르륵 창가로 향하더니, 우울한 표정으로 얼굴을 한 번 쓸고는 말을 이었다.

"우리 반 친구 중에 한 명을 골라 글을 써 보는 거야. 그럼 그 친구가 어떤 사람인지 생각해 보는 기회가 될 뿐만 아니라, 내가 친구들에게 어떻게 보이는지도 알게 되니 일거양득이라고 할 수 있지."

담임인 봉춘곤 선생님은 유난히 감성이 풍부한 분이라, 이따금 뜬금없이 글짓기를 시키곤 했다. 오늘이 바로 그날이었다.

'우리 반 친구 중에?'

간공주는 온 몸의 피가 빠져나가는 기분을 느꼈다. 하지만 이내 히죽 웃으며 머리를 콩콩 때렸다.

'참, 나도 바보 같이! 지혜를 쓰면 되는데 뭐가 걱정이람. 전학 갔어도 어쨌든 우리 반 친구였잖아.'

그때 우장한이 손을 번쩍 들더니, 간공주 쪽을 보면서 씩씩하게 물었다.

"선생님! 전학 간 친구도 되지요?"

우장한은 간공주를 생각해서 한 짓이었지만, 우장한이 하는 일이 늘 그렇듯 이번 역시 간공주를 절망의 구렁텅이로 밀어 넣고 있었다.

"안~되지. 그럼 의미가 없지. 그건 일거양득이 아니잖니?"

선생님이 속상하다는 듯 얼굴을 마구 쓸어 댔다. 그리고 간공주는 뒷목을 잡았다.

'저, 저, 재수 단무지만 가만있었어도, 대충 넘어갈 수 있었는데…… 어흑, 혈압이…….'

간공주는 연필만 굴려 대다, 나칠칠 쪽을 훔쳐봤다. 나칠칠은 이미 공책을 빼곡하게 채우고 있었다. 간공주는 나칠칠의 글을 슬쩍 훔쳐봤다. 나칠칠은 여러 명의 친구에 대해 적고 있었다. 배온달, 김바른, 나공부, 장조형…… 장조형?

"장조형이 아니라 강조형이겠지."

간공주는 자기도 모르게 중얼거렸다. 그 말에 저 뒤에서 누군가 개미만 한 소리로 대꾸했다.

"나 장조형 맞아."

간공주가 깜짝 놀라 돌아보니 맨 뒤에 앉은 장조형이 길쭉한 얼굴을 들고, 원망스런 표정으로 간공주를 보고 있었다.

"미, 미안."

간공주는 입만 뻥긋거리며 얼른 사과를 하곤 고개를 돌렸다. 얼굴이 홧홧하게 달아올랐다.

'아, 괜히 미안하게. 하지만 다른 애들도 다 강조형으로 알고 있다고…….'

장조형은 무척이나 존재감이 없는 친구였다. 그냥 같은 반 친구라는 것 외에는 아는 것이 없었고 관심도 없었다. 2년째 같은 반을 하고 있는데도 말이다. 그런데 나칠칠은 그런 장조형에 대해 한 페이지에 가까운 글을 쓰고 있었다. 그러고 보면 나칠칠은 반 아이들 이름을 다 알고 있었다. 뿐만 아니라 그 아이들에 대해서도 잘 알고 있었다. 적어도 간공주보다는 많이 알고 있었다.

간공주는 이제껏 친구를 사귀려고만 했지, 정작 그 친구에 대해서는 관심이 없었다. 아이들이 나칠칠과 친해진 이유를 어렴풋이 알 것 같았다. 사람은 누구나 자신에게 관심 가져 주기를 원하고, 그 사람에게는 마음을 여니까.

'반 애들이 어떤 애들인지도 모르고 다녔다니 그동안 학교를 헛다녔구나. 아, 공책에 써넣을 친구 하나 없다니…….'

그때였다.

"공주야, 너의 그 글씨 예쁘게 써지는 황금연필 좀 빌려 줘."

정겨운이었다.

'맞아! 정겨운이 있었지.'

간공주는 정겨운에게 아빠가 해외출장에서 사 온 귀한 황금연필을 선뜻 건넸다. 공주는 아끼느라 잘 쓰지도 않는 연필이었지만, 정겨운에게 빌려 주는 건 아깝지 않았다.

이로써 정겨운과 간공주는 분명 친구라 부를 수 있는 사이임이 또 한 번 입증된 거였다. 친구가 아니라면 어떻게 황금연필을 건넬 수 있단 말인가!

간공주는 연필에 신이라도 내린 듯 정겨운에 대해 써 내려갔다. 물론 칭찬 일색이었다. 칭찬뿐인데도 불구하고 쓸 말이 너무 많았다.

"이런, 내가 썼지만 정말 잘 썼다!"

간공주가 연필을 내려놓고 고개를 드는데, 선생님과 눈이 딱 마주쳤다. 언제 왔는지 선생님이 간공주의 글을 내려다보며 미소 짓고 있었다.

"참, 다행이야."

선생님이 혼잣말을 했다.

'뭐, 뭐지? 이 불길한 느낌은? 설마…….'

아니나 다를까, 선생님은 천천히 교실 앞으로 가더니 말했다.

"이제 다 쓴 것 같으니 '발표'를 한번 해 볼까? 음, 누구부터 할까?"

선생님이 간공주를 향해 고개를 끄덕였다. 간공주는 본능적으로 몸을 움츠리며 고개를 저었다.

'안 돼요! 전 아직 마음의 준비가 되지 않았다고요.'

하지만 선생님은 계속해서 고개를 끄덕였다. 선생님의 얼굴은 이렇게 말하고 있었다.

'공주야, 괜~찮아.'

'안~ 괜찮아요. 난 안 괜찮다고요!'

공주는 계속해서 텔레파시를 보냈지만 통하지 않았다.

"공주가 먼저 해 볼까? 간, 공, 주?"

간공주는 속으로 눈물을 흘리며 자리에서 일어났다.

"내, 내 친구에 대해. 내 친구는……."

죄라도 지은 사람처럼 목소리가 덜덜 떨려 나왔다. 하지만 차츰 시간이 지나면서 마음이 가라앉더니, 어느덧 자신감도 생겼다. 간공주는 가슴을 쭉 펴고 또랑또랑한 목소리로 글을 읽어 내려갔다.

"내 친구는 정말 정이 많은 아이입니다. 그 정이 얼마나 끈끈하고 달콤한지 사람이 아니라 꿀벌이 아닐까 생각될 정도입니다."

"하하하하하."

다행히 아이들의 반응이 좋았다.

공주가 쓴 글은 일종의 추리가 있는 글이었다. 내 친구에 대한 소개를 쭉 늘어놓고 맨 끝에 가서, 그 아이가 누군지 밝히는 식이었다. 아이들이 호기심을 보이며 집중하고 있었다. 마침내 결론에 다다랐다.

"내 친구는……."

여기저기서 긴장해서 침 삼키는 소리가 들려왔다. 간 공주 역시 침을 한 번 꿀꺽 삼키고는 말했다.

"내 친구는 정겨운입니다!"

아이들이 박수를 쳤다. 간공주는 크게 숨을 내쉬며 자리에 앉았다.

'겨운이 얼굴을 어떻게 본담. 이것 참, 쑥스럽네. 그래도 좋아하겠지?'

간공주의 얼굴에 뿌듯함과 행복감이 가득 차올랐다. 정겨운과 그 뒷자리에 앉은 보미의 대화가 들려오기 전까지는 말이다.

"정겨운, 너 간공주랑 친했었어?"

"아니."

간공주는 자신의 귀를 의심했다.

"아니야?"

"응."

간공주의 얼굴이 점점 하얗게 변했다.

"친하지도 않은데 쟤 왜 저래?"

"몰라. 안돼 보여서 몇 번 말 걸어 줬는데, 그래서 그러나? 잘 모르겠는데."

정겨운은 특유의 착한 웃음을 지으며 고개를 갸웃거렸다.

"간공주 웃긴다. 친구도 아니면서 왜 저런 글을 썼대?"

"왜 저러긴. 간공주 친구 없잖아. 겨운이가 착하니까, 괜히 찔러 보는 거지."

"하긴, 아까 글도 완전 칭찬밖에 없더라."

"친해지고 싶어서 아부하는 거지, 뭐. 좀 안됐다."

여자애들이 여기저기서 수군대는 소리가 들려왔지만, 간공주는 뒤를 돌아볼 수가 없었다. 당장 교실을 뛰쳐나가고 싶을 뿐이었다. 그동안 혼자 오해한 거라는 사실이 부끄럽고 비참해서 견딜 수가 없었다.

쉬는 시간 종이 울린 뒤에도 간공주는 제자리에 앉아만 있었다. 굳어 버린 것처럼 꼼짝할 수가 없었다. 간공주는 자신의 자리에 짙고 무거운 어둠이 내려앉는 걸 느꼈다. 그리고 또 한 가지를 알게 되었다. 사람들은 행복 다음엔 불행이 오고, 불행 다음엔 다시 행복이 온다고 말하지만, 사실은 행복 다음엔 불행이 오고, 불행 다음엔 암흑이 온다는 것을…….

"근데 난 엄청 친한 줄 알았는데."

뜬금없이 들려온 나칠칠의 목소리에 간공주는 정신이 번쩍 들었다.

"너 방금도 공주한테 황금연필 빌려 썼잖아. 친한 사이도 아닌데 그렇게 비싼 물건을 빌려 달라고 한 거야?"

나칠칠은 정겨운보다 더 순진한 표정을 지으며 정겨운을 빤히 보았다. 아이들이 나칠칠과 정겨운을 번갈아 보다, 정겨운에게 의심스러운 시선을 돌렸다.

"아, 아니, 난 좋아 보인다고 한 것뿐인데, 공주가 굳이 써 보라고 하더라고."

정겨운은 더욱 착한 웃음을 지으며 말했다. 나칠칠이 뭔가 말하려고 하는데, 선생님이 끼어들었다.

"거기, 왜 이렇게 시끄러워?"

웅성거리던 아이들은 조용해졌고, 다시 수업이 시작됐다. 결국 오해는 풀리지 않았지만 지금 간공주에게 그런 사소한 건 이미 문제도 아니었다.

'나칠칠이 내 편을 들어 줬어!'

그 사실 하나만으로도 간공주는 천국에 와 있는 기분이었다. 사실 나칠칠은 꼭 간공주가 아니라도, 억울한 경우를 보면 그냥 넘어가는 아이가 아니었다.

하지만 지금 간공주에게는 나칠칠이 자신의 편을 들어 줬다는 사실만이 중요했다.

간공주가 감격에 찬 얼굴로 나칠칠을 보자, 나칠칠은 간공주를 향해 부드럽고 인자한 미소를 지었다. 그 모습이 흡사 부처님 같았다.

'앗, 눈부셔!'

나칠칠의 얼굴에서 새어 나온 빛줄기는 짙은 암흑을 뚫고 간공주에게 와 닿았다.

"오늘 부처님의 미소를 보았어."

간공주가 황홀감에 취해 있는데, 누군가 빛줄기를 싹둑 자르며 끼어들었다.

"너 교회 다니잖아? 복화술 할 때부터 알아봤다니까. 이 사이비엉큼이, 쯧쯧쯧."

정신을 차려 보니 우장한과 왕선해가 간공주 앞에 버티고 서 있었다. 이미 교실은 텅 비어 있었다.

"불과 몇 초가 지난 것 같은데 이미 수업이 다 끝나 있다니, 마치 시간여행을 한 기분이군."

"장한아, 얘 뭐라는 거야?"

"야, 간공주! 너 잠 덜 깼냐?"

간공주는 왕선해와 우장한이 떠들건 말건, 멍하니 창밖을 응시하며 말했다.

"가자."

"어딜?"

"나칠칠한테."

더불어 사는 힘_**사회성**

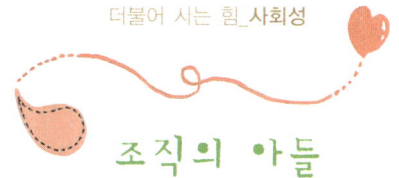
조직의 아들

나칠칠이 어떤 남자와 함께 나왔다. 통통하게 살이 찐 거구의 남자는 위협적인 얼굴에 검은 티셔츠와 검은 바지를 입고 있었다.

"괜히 허탕만 치는 거 아냐?"

아파트 담벼락에 숨어 있기가 지겨웠는지 왕선해가 기지개를 켜며 말했다.

"맞아. 나칠칠이 집에서 안 나오면 괜한 헛고생하는 거잖아."

우장한도 지루한지 투덜거렸다. 하지만 간공주는 단호했다.

"나와."

"그걸 엉큼이 네가 어떻게 알아?"

"느낌이 와. 느낌이."

간공주는 나칠칠의 집이 있는 층을 지그시 응시한 채, 손을 저으며 속삭였다.

"나온다. 나온다. 나칠칠 나온다."

"공주 저러니까 무당 같다."

"쟤 교회 다녀."

간공주가 둘을 확 째려봤다. 우장한과 왕선해는 움찔해 입을 다물었다. 간공주는 다시 정신을 집중했다.

"나온다. 나온다. 나칠칠 나온다."

왕선해와 우장한은 다시 떠들기 시작했다.

"공주 은근히 카리스마 있다."

"저런 건 카리스마가 아니라 맛이 갔다고 하는 거야."

"아~."

"넌 뭐가 아~야! 너희들 정말!"

간공주가 돌아보며 버럭 화를 내는 바로 그 순간, 우장한이 현관 쪽을 가리키며 외쳤다.

"앗!"

"진짜 나칠칠 나왔다!"

"야, 왕선해 조용히 해. 너 때문에 들키겠다!"

"칫, 우장한 네가 훨씬 더 시끄럽거든!"

간공주는 툭탁이는 둘의 입을 틀어막고, 얼른 나칠칠의 뒤를 쫓았다. 나칠칠은 쇼핑백을 들고 어딘가로 가고 있었다. 뭐가 좋은지 콧노래까지 흥얼거리고 있었다.

인적이 드문 골목길에 들어섰을 때였다. 콧노래를 부르던 나칠칠이 흥에 겨웠는지 갑자기 소리 내 노래를 부르기 시작했다.

'아, 달콤한 나칠칠의 노랫소리!' 라고 생각하려 했지만, 나칠칠은 도저히 들어 주지 못할 정도로 심한 음치였다.

"귀를 틀어막고 싶다."

왕선해가 견디다 못해 귀를 틀어막았다. 하지만 우장한은 귀를 활짝 열고 나칠칠의 노래를 듣고 있었다. 심지어 활짝 웃고 있기까지 해서 누가 보면 저 아이는 음악 취향이 참 독특하구나, 했겠지만 사실 우장한의 귀는 오로지 나칠칠의 약점을 잡았다는 기쁨으로 가득 차 있을 뿐이었다.

'지옥에서 온 까마귀의 울부짖음이 이러할까? 으윽! 하지만 극복할 수 있어. 사랑의 힘은 위대하니까!'

간공주는 사랑은 인내라는 것을 귀 아프게 느끼며 계속해 나칠칠을 쫓았다.

나칠칠은 어떤 허름한 건물로 들어갔다. 그리고 엘리베이터를

탔다. 간공주는 엘리베이터가 멈추는 층을 뚫어져라 지켜보다, 두 덩치를 끌고 6㎧의 속도로 계단을 뛰어 올라갔다.

"끼야아아아아악!"

"우와아아아아악!"

왕선해와 우장한은 계단을 오르는 내내 비명을 지르며 질질 끌려가야 했다.

"노, 놓친 건가?"

초인적인 힘을 발휘했건만, 나칠칠은 이미 사라지고 없었다.

"야, 여기 좀 이상하지 않아? 왠지 무서워."

왕선해의 말대로 나칠칠이 내린 층은 정체를 알 수 없는 사무실이 군데군데 있을 뿐 텅 비어 있었다.

"역시나 꿍꿍이가 있는 녀석이었어!"

우장한이 숨을 헉헉거리며 말했다.

그때였다. 나칠칠이 어떤 남자와 함께 나왔다. 셋은 얼른 계단참에 숨었다.

통통하게 살이 찐 거구의 남자는 위협적인 얼굴에 검은 티셔츠와 검은 바지를 입고 있었다. 조직에 몸담고 있을 것 같은 분위기를 풀풀 풍기는 남자가 나칠칠에게 뭔가 은밀한 말을 하고 있었다.

"저 남자가 뭐라고 하는 거야?"

"가만있어 봐."

간공주는 토끼처럼 귀를 쫑긋 세우고, 뛰어난 청력을 발휘했지만 토막 난 말들밖에는 들을 수 없었다.

"'좀 더 기다려 보자', '이 일만 잘 처리되면' 이렇게 말했어."

간공주가 순대를 집어 먹으며 말했다. 나칠칠이 집에 들어가는 걸 본 셋은 당연하다는 듯 또또분식으로 향했던 것이다.

"우리 뭔가 큰일에 말려든 거 아니야? 아, 무서워."

왕선해가 겁먹은 얼굴로 떡볶이를 연신 집어 먹었다.

"야, 무서우면 먹는 속도 좀 줄여. 한 번에 하나씩만 집으라고."

"칫, 그러는 넌 왜 두 개씩 집는데?"

우장한은 못 들은 척, 떡볶이 세 개를 한꺼번에 입 안에 털어 넣으며 화제를 돌렸다.

"근데, 걔 전학 자주 다녔다고 하지 않았어?"

"그러게. 왜 자주 전학한 걸까? 혹시 아까 우리가 본 거랑 연관 있는 거 아냐?"

왕선해와 우장한은 나칠칠의 전학을 둘러싸고 상상의 나래를 펼쳤다.

"정체를 들키면 떠난다. 왜냐, 나칠칠은 마피아의 보스니까?"

"칫, 우장한 넌 좀 현실적으로 생각할 수 없냐. 나칠칠이 마피아의 보스라는 게 말이 되냐?"

"그럼 넌 뭐라고 생각하는데?"

"조, 조직의 아들?"

"음, 그럴듯하군."

"그렇지, 그렇지?"

툭탁이던 둘은 어느새 뜻이 맞아 있었다.

'정말 같이 다니기 부끄러운 아이들이야.'

간공주는 둘과 일행으로 보이고 싶지 않아 살짝 떨어져 앉았다. 그리고 '낮에 나칠칠이 내 편을 들어 준 것을 좋아한다는 의미로 해석해도 되느냐, 아니냐.', '이쯤에서 고백을 해야 하느냐, 아니냐.', '과연 나에게 그만한 용기가 있느냐, 없느냐.' 라는 주제로 머릿속으로 토론을 벌이며, 우아하게 순대를 집어 먹었다.

그날 밤이었다.

"공주야, 전화 왔다."

"뭐?"

간공주는 약 5초 동안 엄마가 한 말이 무슨 말인지 몰라 멍하니 있어야만 했다. 그도 그럴 것이 간공주를 찾는 전화가 온 것은 지혜가 전학 간 이후 처음인 것이다. 간공주는 그 흔한 휴대전화도 가지고 있지 않았다. 사실 전혀 필요가 없었던 것이다.

'나, 나한테도 전화라는 게 오다니!'

간공주는 전화기를 두 손으로 받아 들고 감격의 눈물을 흘렸다.

"어유, 정말! 공주야, 전화 안 받아?"

엄마가 버럭 소리를 지르지 않았다면 전화가 끊길 때까지 그러고 있었을 것이다.

'그런데 누, 누구지? 혹시……'

간공주는 얼른 전화기를 들고 방으로 들어와 문을 닫았다. 그리고 다소곳이 앉은 뒤, 목을 최대한 가다듬고 전화를 받았다.

"여, 여, 여~보세요."

"야, 왜 이렇게 늦게 받아!"

왕선해였다. 내심 나칠칠이 아닐까 기대하고 있던 간공주는 김이 팍 샜다.

'몇 달 만에 온 전화가 하필이면 왕선해라니.'

"왜?"

"칫, 너 갑자기 목소리 확 바뀐다."
"아, 왜?"

왕선해는 별 용건도 없이 쓸데없는 말만 늘어놓았다.

"너 교회 다녀?"

"응, 가끔."

"근데 있지……."

"근데, 뭐?"

"우장한이 너 교회 다니는 거 어떻게 알았어?"

왕선해는 낮에 우장한이 지나가듯 한 말을 놓치지 않고 기억하고 있었던 것이다. 의외로 예리한 구석이 있었다.

간공주는 우장한과의 묵은 관계를 밝히고 싶지 않았으나, 일이 꼬일 것 같아 솔직하게 말했다.

"우장한 엄마하고 우리 엄마하고 친구야."

"그래, 그렇구나! 아, 속 시원하다. 나 궁금한 거 못 참거든. 근데 궁금한 거 하나 더 있는데 물어봐도 돼?"

"뭔데?"

"너 진짜 부처님의 미소를 봤어?"

"뭔 미소?"

"왜, 아까 교실에서 멍하니 '나는 부처님의 미소를 보았다.' 이렇게 말했잖아."

간공주의 머릿속에 나칠칠의 미소가 새삼 떠올랐다. 간공주 역시 부처님처럼 뭉근한 미소를 띠며 말했다.

"봤~지."

"뭐야? 진짜였어? 언제? 어디서? 도대체 어떻게!"

"말해도 넌 모~를 거다."

"뭐야, 내가 왜 몰라? 너 날 무시하는 거야? 칫!"

왕선해가 삐쳤지만, 간공주는 모르는 척 콧노래를 흥얼거렸다. 그러자 왕선해는 언제 삐쳤냐는 듯 다시 간공주한테 졸라 댔다.

"말해 줘, 말해 줘, 응? 응?"

"히히히."

"아, 정말 말 안 해 줄 거야?"

왕선해와 쓸데없이 툭탁이는 가운데 밤이 깊어 가고 있었다. 간공주는 왠지 그 시간이 아깝지 않았다.

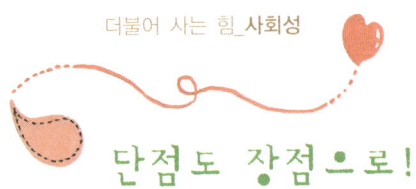

더불어 사는 힘_사회성

단점도 장점으로!

간공주의 걱정처럼 나질질을 비웃고 있는 아이는 아무도 없었다.
모두들 책상을 두들겨 대며 재밌어하고 있었다.

"아웅, 잘 잤더니 날아갈 것 같네."

다음날 간공주는 오랜만에 숙면을 취하고 가뿐한 마음으로 교실로 들어섰다. 하지만 교실로 들어서는 순간, 잊고 있었던 정겨운이 떠오르면서 또다시 마음이 복잡해졌다.

'겨운이 얼굴을 어떻게 보지. 나 혼자 착각해서 그런 행동을 했으니.'

간공주는 홧홧하게 달아오르는 얼굴을 숨기며 자리에 가 앉았다. 곧이어 정겨운이 교실에 들어서는 소리가 들렸다. 정겨운이 의자를 빼고, 자리에 앉는 등등의 소리가 들릴 때마다 움찔했지만, 결코 뒤를 돌아보지는 않았다. 정겨운 역시 간공주에게 말을 걸지 않았다.

간공주는 문득 화가 났다.

'아무리 나 혼자 착각했다고 해도 그렇지, 굳이 애들 앞에서 아니라고 해서 망신 줄 건 뭐람. 내가 나쁜 말을 한 것도 아니잖아. 쟤 때문에 내가 왜 이 고생이지!'

겉으로 볼 때는 아무 일도 없는 것처럼 보였지만, 간공주는 등 뒤를 의식하느라 극심한 피로감을 느꼈다. 그리고 피로감 위로 끈적끈적한 우울함이 내려앉았다.

'또 새 친구를 알아봐야 하잖아. 시간만 허비했네. 아, 도대체 누구랑 사귀지?'

간공주는 눈을 친구 찾기 기능으로 맞추고 교실을 샅샅이 훑었다. 하지만 눈을 씻고 찾아도 새 친구감은 보이지 않았다.

"아, 인생 우울하다. 정녕 이것이 혈기 치솟는 12살의 인생이란 말인가!"

간공주가 피로감과 우울함을 이기지 못하고 책상에 엎어지는 바로 그때, 봉춘곤 선생님이 죽도 못 먹은 파리한 얼굴로 교실 문을 열고 들어섰다.

"저런, 또 슬픔에 잠기셨구나!"

동병상련인지, 간공주는 선생님이 오늘따라 한없이 짠했다.

'그래! 용기를 가지자. 선생님의 슬픔에 비하면 난 아무것도 아니야. 나까지 우울한 얼굴로 있으면 선생님이 더 슬퍼질 거야.'

갑자기 《마지막 잎새》의 한 장면이 떠올랐다. 병상에 누운 선생님이 입을 연다.

ㅡ아, 우울해. 저 마지막 잎새마저 떨어지면, 나도 어흐으으으윽…….

'안 돼. 선생님한테 삶의 희망을 불어넣어야 해!'

"웃어."

"뭐?"

나칠칠이 깜짝 놀라 물었다. 하지만 간공주는 단호했다.

"웃으라고!"

"어? 그, 그래."

나칠칠이 바보같이 웃었다. 간공주와 나칠칠은 선생님을 향해 미소를 지었다. 억지로 미소 짓느라 입가에 경련이 일었지만 멈추지 않았다.

'선생님 저희를 보세요. 이렇게 웃고 있어요.'

하지만 불행히도 봉춘곤 선생님은 너무 우울했던 나머지 고개를 들지 않았다. 그저 스르륵 창가로 가서 이렇게 말했을 뿐이다.

"오늘은 어떤 주제로 글짓기를 해 볼까? 가족?"

"선생님, 그거 전에 했어요!"

우장한이 눈치 없이 외쳤다.

"그렇구나. 그럼, 자연? 아냐, 그것도 전에 했어! 아, 쓸쓸해."

선생님의 슬픔은 눈에 띄게 깊어졌다. 설상가상 창밖엔 바람이 앙상한 나무를 뒤흔들고 있었다.

'안 돼. 야, 바람! 멈춰. 넌 불면 안 돼!'

간공주가 바람에게 협박을 했지만, 바람은 간공주의 말을 귓등으로도 듣지 않았고, 몇 개 남지도 않은 잎사귀를 기어이 잡아 뜯었다.

"아! 아아아아."

간공주와 선생님이 동시에 신음을 내뱉었다.

"선생님!"

우장한이었다. 선생님이 겨우겨우 고개를 들어 우장한을 바라봤다.

'저 재수 단무지가 또 무슨 소릴 하려고!'

간공주는 당장이라도 박차고 나가 우장한의 입을 틀어막을 기세로 의자 등받이를 꽉 잡았다.

"선생님, 우리 오랜만에 장기 자랑해요!"

우장한의 말이 떨어지자마자, 여기저기서 열렬한 호응이 쏟아졌다.

"유명세! 유명세!"

아이들이 유명세를 외쳐 댔다. 유명세는 장기 자랑 시간이면 늘 나와서 현란한 댄스를 선보이는 아이였다. 유명세가 나가려고 의자를 빼는데 갑자기 우장한이 외쳤다.

"나칠칠! 나칠칠!"

"나칠칠?"

순간 간공주는 불덩이가 등줄기를 달리는 것 같은 감각을 느꼈다. 아이들이 나칠칠을 보자, 우장한은 능청을 떨며 말했다.

"전학생 노래를 아직 못 들어 봤네. 야, 나칠칠 신고식 해야지!"

우장한이 비열하게 웃으며 나칠칠 쪽을 보았다.

'노래! 그래, 나칠칠의 약점이 노래였지! 저 녀석이 결국 나칠칠을 궁지에 몰아넣는구나!'

아이들이 박수를 쳐 댔다. 나칠칠은 도저히 나가지 않을 수 없

는 상황이 되어 버렸다. 간공주는 하얗게 질린 얼굴로 나칠칠을 봤다.

'어라?'

나칠칠은 겁에 질려 있기는커녕, 싱긋 웃더니 자리에서 일어났다. 간공주는 얼른 나칠칠의 옷자락을 붙잡고 속삭였다.

"너, 설마 노래 부를 생각은 아니겠지?"

"응. 왜?"

나칠칠은 영문을 모르겠다는 듯 고개를 갸우뚱하더니, 간공주의 손을 뿌리치고 앞으로 나갔다. 그리고 부르고야 말았다.

"어~려도 아픈 건 똑같타아~."

노래는 시작부터 엉망진창이었다. 나칠칠의 노래는 음정 박자를 따질 수준이 아니었다. 여기저기서 키득거리며 웃는 소리가 들려왔다.

"으하하하하하하."

물론 우장한이 제일 크게 웃었다. 그 웃음은 복수의 웃음이요, 승리의 웃음이었다.

'그만하고 들어와. 계속 불러 봤자 너만 비참해질 뿐이야.'

간공주는 절실한 마음을 담아 나칠칠에게 텔레파시를 보냈지만, 나칠칠은 한 손을 들어 올려 텔레파시를 막아 내곤 꿋꿋하게 노래라는 것을 불러 댔다. 간공주는 나칠칠의 비참한 모습을 볼 수 없어 눈을 질끈 감았다. 사실은 귀도 틀어막고 싶었다.

"죽어도 못 보내~엑! 내가 어떻게 널 보내~엑!"

그러다 어느 순간, 간공주는 모두가 즐거워하고 있다는 걸 깨달았다. 간공주의 걱정처럼 나칠칠을 비웃고 있는 아이는 아무도 없었다. 책상을 두들겨 대며 재밌어하고 있었다. 슬픔에 잠겨 있던 봉춘곤 선생님마저도 배를 잡고 웃고 있었다.

'노래를 못하는 게 장점처럼 느껴지다니.'

노래를 끝낸 나칠칠이 활짝 웃었다. 나칠칠에게서 어마어마한 양의 빛이 뿜어져 나왔다.

"노래를 너무 잘 불러서 미안합니다. 하하하하."

나칠칠이 장난스럽게 외쳤다. 간공주는 저도 모르게 마구 고개를 흔들어 댔다.

'아니야, 아니야. 넌 정말 잘 불렀어. 넌 정말 최고야!'

우장한의 얼굴이 확 일그러졌다. 왕선해는 입을 삐죽 내밀었다. 나칠칠 골탕 먹이기 첫 번째 작전이 대실패로 막을 내린 것이다. 한 방 먹이려다 한 방 먹은 꼴이었다.

'나음모'가 한 방 먹었건 말건, 간공주는 마냥 행복했다. 나칠칠이 이 세상에서 가장 노래를 멋지게 부르는 음치라는 걸 알게 되었으니까.

하지만 언제나 그렇듯 간공주의 행복은 오래가지 않았다. 이 일을 계기로 나칠칠을 좋아하는 여자애들이 부쩍 늘어 경쟁이 치열해져 버린 것이다. 이제 나칠칠은 여자애들 사이에서까지 중심이 되어 가고 있었다.

'떨어져. 떨어지란 말이야!'

간공주는 나칠칠한테 몰려드는 여자애들에게 하루 종일 레이저빔을 쏘아 대느라 나날이 눈이 피로해졌다. 레이저빔을 쏘아 대는 사람은 간공주만이 아니었다. 우장한 역시 나칠칠한테 질투와 분노의 레이저빔을 쏘아 대느라 늘 머리에서 파직파직 정전기가 일었다.

 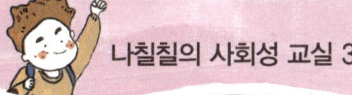

♥ 툭하면 삐치는 왕선해에게 필요한 삐치지 않는 방법!

1. 내 성격 파악
일단은 자신이 어떤 성격인지 아는 게 중요해.
그리고 단점을 인정해야만 고칠 수 있지.

2. 오해하지 않기
친구가 내 의견에 반대하거나, 나와 다른
생각을 말한다고 해서 나를 싫어한다는 뜻으로
받아들여선 안 돼. 오해는 모든 문제의 시작이야.

3. 객관적으로 문제 파악하기
마음 상하는 일이 있다면 삐치기 전의 상황을 객관적으로 정리해 봐.
감정은 빼고, 일어난 일만 생각하는 거야. 글로 적어 보거나
제3자에게 조언을 구하는 것도 좋은 방법이겠지.

4. 차이점 인정하기
친구가 나와 다를 수 있다는 걸 인정해. 친구라도 좋아하는 연예인이나
음식, 취미 따위가 다를 수 있어. 사람은 모두 자신만의 개성을
가지고 있으니까.

5. 자기 일은 스스로 하기
혹시, 친구들에게 네가 해야 하는 일인데도 부탁을 하지 않니?
그리고 그 부탁을 들어주지 않으면 삐치고. 그런 부탁은 부탁이 아니라
강요야. 부탁이란 네가 정말 그 일을 할 수 없을 때, 꼭 필요할 때만
해야 하는 거야.

더불어 사는 힘_**사회성**

긍정적으로 생각하고 표현하기

사회성을 키우려면 긍정적인 표현을 잘 할 수 있어야 합니다.
얼굴을 찡그리고 투덜대며, 남의 잘못만 탓하는 사람을 보면
저절로 같이 인상이 구겨지고 기분도 나빠져
멀리하고 싶은 마음만 듭니다. 반면에 잘 웃고,
나쁜 일보다 좋은 일에 대해 더 많이 말하고, 단점보다 장점을
잘 찾아내는 사람에겐 자신도 모르게 빠져들게 되지요.

이보연 (이보연 아동가족상담센터 소장)

part 3

더불어 사는 힘_사회성

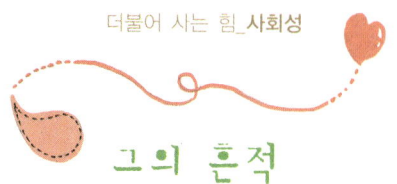

그의 흔적

간공주와는 전혀 상관없는 메모였지만, 나칠칠의 친필이
적혔다는 이유만으로도 분명 소장 가치는 있었다.

"앗! 정전기."

왕선해가 화들짝 놀라며 우장한에게서 떨어졌다.

"우장한 넌 무슨 전기인간이냐? 무슨 정전기가 이렇게 나."

왕선해가 우장한의 팔을 꾹꾹 찌르며 말하자, 우장한이 왕선해의 손을 찰싹 때리며 짜증을 냈다.

"남이야 전기가 흐르든 말든 왜 가까이 와서 난리야. 내 몸에 손대지 마. 너도 엉큼이 닮아 가냐?"

"어머 어머, 뭐라고?"

"아, 쫌!"

간공주가 버럭 화를 내자, 둘은 얼른 조용해졌다. 셋은 다시 감시 체제로 돌아갔다. 오늘은 나칠칠이 아니라 그 의문의 사무실이었다.

보면 볼수록 알 수 없는 사무실이었다. 간간히 안에서 전화벨이 울리는 소리가 들리긴 했지만, 굳게 닫혀 있는 회색 철문에는 간판 하나 없었다.

셋은 문에 달라붙어 귀를 바짝 대고 엿들었지만, 쓸 만한 정보를 얻지는 못했다.

"뭔가 안 좋은 일 하는 곳 같지 않아?"

"정말 조직의 아들이면 어쩌지?"

"우리 납치되는 건 아니겠지?"

"만일을 대비해 엄마한테 문자라도 보내 놓을까?"

왕선해와 우장한이 걱정을 늘어놓았지만, 간공주는 전혀 겁나지 않았다. 그도 그럴 것이 그런 무서운 일은 영화에서나 나오는 것이며, 현실은 심심하기 짝이 없다는 걸 일찌감치 깨달았기 때문이다. 보나 마나 그 아저씨는 인상이 좀 험악할 뿐 검은색을 좋아하는 보통 사람일 게 뻔했다. 그리고 불가사리를 닮은 걸로 봐서 나칠칠의 아빠가 확실했다. 진실이란 늘 이렇게 시시한 것이다.

"야, 너희들 여기서 뭐 해?"

위협적인 목소리에 돌아보니, 거구의 남자들이 '나음모'를 둘러싸고 있었다. 하나같이 검은 옷을 입고 있는 데다 인상이 험악했다.

"우리 사무실 앞에서 뭐 하냐고 묻잖아. 우리나라 말 못 알아들어? 엉?"

머리가 깍두기 모양인 남자가 얼굴을 일그러뜨리며 화를 냈다.

"아, 아니 저희는…… 헉!"

우장한은 남자의 목덜미에 삐져나온 용 꼬리 문신을 보고는 겁을 집어먹고 입을 다물었다. 왕선해는 이미 울기 직전이었다. 하지만 간공주는 달랐다.

"저희는 이 동네의 문을 조사하고 있는 중입니다. 이 동네에 있는 다양한 문의 재질과 색깔, 형태를 조사·분석하고 있습니다. 문이란 무엇인가? 라는 주제로 숙제를 하고 있거든요."

간공주는 고개를 빳빳이 들고 또랑또랑하게 대답했다.

"요즘 학교는 그런 숙제도 내냐?"

"그럼요, 형님. 요즘 학교는 옛날 학교랑 차원이 다릅니다요."

머리를 뾰족하게 세운 남자가 얼른 끼어들었다.

그의 흔적 139

"그래?"

"그렇습니다. 저 목에 힘주고 말하는 것 좀 보십시오. 요즘 애들은 보통이 아닙니다. 그게 다 교육 때문 아니겠습니까."

"쩝. 발전도 좋지만 말이야, 개구리 잡고 이런 순수함이 없어. 순수함이. 이 나라 교육이 어찌 되려고."

"그건 우리가 걱정할 일이 아니라고 봅니다. 형님."

"……너 나한테 대드냐?"

남자들이 툭탁이는 틈을 타, 셋은 슬그머니 빠져나왔다.

"공주 너 진짜 대단하다. 겁 안 났어?"

"엉큼이라서 그런가?"

공주는 어깨를 으쓱했다. 그 남자들은 겉모습은 무서웠지만 나칠칠의 아빠와 마찬가지로 평범한 사람일 게 뻔했다. 딱 봐도 불가사리 같이 생긴 것이 나칠칠의 삼촌들인 게 분명했다.

'나칠칠 아빠는 형제가 참 많네.'

간공주는 그 남자들을 보며, 내내 이렇게 생각하고 있었다. 그러니 겁날 리가 없었다. 그것도 모르고 우장한과 왕선해는 눈을 반짝이며 간공주를 보고 있었다. 간공주는 사실을 말해 줄까 하다가 귀찮아서 잠자코 있기로 했다.

'이 순진한 애들과 있다 보니, 내가 부쩍 겉늙었단 생각이 드는군. 쩝.'

"앗, 한가하게 이럴 때가 아니지! 야, 얼른 뒤져!"

간공주의 지시에 우장한과 왕선해는 일사불란하게 얼굴을 박고 종이 더미를 뒤졌다.

그렇다. 지금 '나음모'는 나칠칠의 엄마가 재활용 쓰레기 버리는 것을 포착, 단서가 될 만한 걸 뒤지고 있는 중이었다.

"야, 진짜 이렇게까지 해야 하냐?"

왕선해가 투덜거렸지만, 간공주의 귀에는 들리지 않았다.

'나에게 전하지 못한 연애편지 같은 게 나오면 어쩌지? 일기에 내 얘길 적어 놨을지도 몰라.'

간공주는 온 신경을 집중해 나칠칠의 흔적을 쫓았다.

'뚜뚜뚜뚜뚜뚜-띠- 찾았다!'

무, 파, 두부, 감자 2천원,
그리고 콩나물 사고 남은 돈 중
500원 가질 것.

'메모 속에 운율이 있어. 초장, 중장, 종장까지! 이건 시야, 시!'

비록 간공주와는 전혀 상관없는 메모였지만, 나칠칠의 친필이 적혔다는 이유만으로도 분명 소장 가치는 있었다. 간공주가 찢어진 종이쪽지를 가슴에 꼭 껴안고 행복해하고 있을 때였다.

"아하하하하. 내 이럴 줄 알았어!"

우장한이 눈을 번뜩이며 시험지를 흔들고 있었다. 시험지에는 그야말로 소나기가 내리고 있었다.

"공부를 어떻게 이렇게 못하지? 이렇게 쉬운 걸 다 틀리다니 바보 아냐?"

우장한은 귀한 보물지도라도 되는 듯, 시험지를 곱게 접어 주머니에 넣었다.

"그렇게 못하는 건 아닌 것 같은데……."

왕선해가 괜히 찔리는지 고개를 돌리며 얼버무렸다.

'나칠칠이 위험해. 저걸 어떻게 빼 오지?'

간공주는 우장한의 주머니를 뚫어져라 노려보았다. 그 이후로 간공주는 우장한한테 착 달라붙어 호시탐탐 기회를 노렸다.

"이 엉큼아, 왜 자꾸 달라붙어."

"왜긴, 왜야. 반가워서 그러지."

"만난 지가 언젠데 이제 와서 반갑대. 야, 무서워. 저리 가."

하지만 치밀한 우장한은 틈을 보이지 않았다.

"칫, 나 갈게."

둘이 친해 보이자, 괜히 소외감을 느낀 왕선해가 힘없이 돌아섰다.

'선해가 또 삐쳤나?'

간공주는 잠시 왕선해를 걱정했지만 이내 잊어버렸다. 지금은 멸종 위기에 처한 불가사리, 나칠칠이 더 급했다.

"간공주 넌 집에 안 가냐?"

"난 오늘 너희 집에 같이 가야겠어."

"오늘 외식하는 건 어떻게 알아 가지고. 야, 저리 가!"

다음날 간공주는 피로에 절어 푸르죽죽하게 변한 얼굴로 교실에 들어섰다. 결국은 뺏지 못했다. 간공주의 우려는 이미 현실이 되어 있었다.

우장한이 교실 한가운데 서서 큰 소리로 떠들어 대고 있었다.

"나칠칠 아빠 조직폭력배더라. 깜짝 놀랐다니까. 이만 한 덩치

의 남자들이 우리를 위협하는데……."

'불가사리 가족일 뿐이라니까, 에휴.'

간공주는 기진맥진해 뒷문을 붙잡고 서 있었다.

"오~ 그래?"

"영화 같다. 멋진데!"

아이들의 반응은 의외였다.

"너 조직폭력배가 무슨 일 하는지 알고 그러는 거야? 더럽고 나쁜 일 해서 돈 버는 거라고."

"그래도 그게 나칠칠이랑 무슨 상관이야?"

"상, 상관이 왜 없냐? 그리고 나칠칠 공부도 엄청 못해!"

"그래서?"

우장한은 한 대 맞은 듯 멍한 얼굴로 서 있었다.

"장한아."

우장한의 단짝이었던 김바른이 우장한을 뒤로 불렀다.

"너 보기 안 좋다."

"뭐가?"

"네가 나칠칠 욕 하는 거. 너 그런 애 아니었잖아."

그 말에 우장한의 얼굴이 새빨갛게 달아올랐다. 우장한은 김바른의 눈길을 피하며 말했다.

"내, 내가 안 그러게 생겼냐? 나칠칠 때문에……."

"너 '불타는 공' 멤버들이 뿔뿔이 흩어진 게 나칠칠 때문이라고 생각하는 거야?"

"그럼, 아니야?"

우장한이 다시 눈을 부릅떴다.

"그건 말이야, 이미 예정된 일이었어."

"예정된 일이었다고?"

"넌 말이야, 정말 멋진 친구야. 축구도 잘하고, 친구도 금세 사귀고, 어딜 가나 적응도 잘해. 하지만……."

"하지만?"

"하지만 우리가 너한테 적응을 못하겠다."

김바른은 그 말을 끝으로, 이 대 팔로 가르마를 낸 반들반들하고 새까만 머리를 한 번 쓸더니 자리를 떴다.

 **나칠칠의 사회성 교실 4**

♥ 자신감을 잃은 배온달에게 필요한 은따에서 탈출하는 방법!

1. 거울 보기
자신을 똑바로 봐. 어떤 얼굴을 하고 있는지.
자신감 없고, 힘든 표정을 짓고 있진 않니?
거울을 보고 여러 가지 표정을 지어 봐.
네가 잃어버린 다양한 표정을 다시 찾아오는 거야.

2. 가슴 펴기
마음이 움츠러들면, 몸도 움츠러들어. 반대로 몸이 움츠러들면 마음도 움츠러들지. 생각날 때마다 가슴을 똑바로 펴는 버릇을 들여 봐. 가슴을 쭉 펴고, 고개를 들고 있는 것만으로도 너는 훨씬 자신감 있어 보일 거야.

3. 나를 사랑하기
누가 뭐라고 하든 넌 멋진 사람이야. '내가 그렇지 뭐.' '내가 뭘 하겠어.' 이런 생각 따윈 버려. 스스로에게 '잘하고 있다'고 격려하고, '멋지다'고 칭찬해 줘. 네가 얼마나 멋진 사람인지 늘 기억해!

4. 나를 빛나게 하기
멋 부리는 것에만 정신이 팔리면 곤란하겠지만, 스스로를 꾸미는 것은 중요해. 몸을 깨끗하게 하고, 자신에게 어울리는 스타일을 찾아 봐. 잘생겼느냐, 못생겼느냐는 중요한 게 아니야. 자신의 개성을 잘 알고, 표현할 줄 아는 사람에게선 반짝반짝 빛이 나거든.

5. 좌절하지 않기
네가 변하려 해도 처음엔 쉽지 않을 거야. 하지만 좌절해선 안 돼.
긍정적으로 생각해 봐. 너는 분명 용기를 내서 부딪쳤고,
그 도전으로 넌 조금 더 단단해졌을 거야. 한발 한발 조금씩
앞으로 나간다는 기분으로 해 보는 거야.

더불어 사는 힘_사회성

나적모와 등잔 밑 친구

"너무 걱정하지 마. 너도 곧 친구가 많이 생길 거야.
봐, 우리도 어느새 친구가 됐잖아."

"왜? 도대체 왜?"

우장한이 그넷줄에 얼굴을 비벼 대며 괴로워했다. 오늘 '나음모'는 모든 의욕을 상실하고 동네 놀이터에 모였다.

이제껏 우장한은 뭐든 잘해야만 한다고 믿었다. 그래야 모두가 좋아한다고 생각했다. 엄마도 친구도. 우장한이 볼 때 나칠칠은 허점투성이였다. 공부도, 외모도, 집안 환경도, 축구도. 그런데도 아이들은 나칠칠을 더 좋아했다. 심지어 나칠칠이 질러 대는 엄청난 소음의 노래까지 좋아했다. 우장한은 이 모든 상황이 혼란스럽기만 했다.

"야, 너희들이 봐도 이만하면 완벽하지 않냐? 도대체 왜 나한테 적응을 못하겠다는 거야?"

우장한이 뻔뻔스럽게 자신을 가리키며 말했다. 간공주는 그저 혀를 끌끌 찼다.

"우장한, 솔직하게 얘기해도 돼?"

돌연 왕선해가 진지한 얼굴로 말했다. 우장한이 눈을 실룩거리며 보일 듯 말 듯 고개를 저었지만, 왕선해는 신경 쓰지 않고 말을 이었다.

"넌 말이야, 친구들을 너무 이끌고 가려고 해. 칫, 무슨 황소도 아니고. 넌 리, 리……."

"리더십."

간공주가 얼른 끼어들었다.

"칫, 나도 알거든. 하여튼 리더십이 너무 강하다고. 뭐든 지나치면 안 좋잖아. 과……과부?"

"과유불급."

"칫, 나도 알고 있거든! 어쨌든 친구는 이끌고 가는 게 아니잖아? 같이 가는 거지."

왕선해의 지적에 우장한은 짐짓 못마땅한 표정을 지었지만, 내심 뭔가를 깨달은 것 같았다.

'바보 같지만 의외로 예리해.'

간공주는 왕선해의 예리함에 새삼 감탄했다.

"힘내. 그래도 넌 조금만 고치면 다 해결되잖아. 분명 다시 인기 있는 아이가 될 거야. 다들 네 능력을 부러워하고 추진력도 있고. 칫, 하지만 난…… 내가 어떻게 할 수 있는 문제가 아니야."

왕선해가 고개를 푹 숙였다. 우장한이 조심스럽게 물었다.

"삐치는 것 때문에 그래?"

"내가 너무 잘 삐쳐서 적응하기 힘들대. 누군 삐치고 싶어서 삐치나. 휴, 학교 가기 싫다."

"휴, 나도 학교 가기 싫다."

"나도 학교 가기 싫다."

간공주는 얼떨결에 진심을 말하고 말았다. 간공주는 자신의 입을 찰싹찰싹 내리쳤지만, 이미 엎질러진 물이었다. 아니나 다를까 왕선해가 얼른 아는 척을 했다.

"넌 겨운이 때문에 그러지? 맞지? 내가 그랬잖아. 겨운이는 믿을 만한 친구가 아니라고."

"정겨운한테 복수할까?"

갑자기 우장한이 주먹을 불끈 쥐며 말했다.

"넌 툭하면 복수냐?"

"칫, 유치하다니까. 하지만 겨운이도 나쁜 애는 아니야. 단지 좀 만만하다 싶으면 이용하려고 해서 그렇지. 그냥 친구들한테는 정말 착해."

"야, 그게 착한 거냐? 간사한 거지!"

우장한이 버럭 화를 냈다. 간공주는 만만하다는 말이 가슴에 콱 찔리는 것 같아 아무런 반박도 하지 않았다.

"공주야, 너는 친해지고 싶어서 조바심 내는 게 눈에 다 보여. 그래서 만만하게 보는 거야. 조바심 내면 친구 사귀기가 더 힘들어."

왕선해의 말에 간공주는 울컥했다.

"그, 그럼 어떡해야 하는데? 친구는 있어야 하잖아."

"조금만 마음을 편하게 먹어 봐. 꼭 뭔가 해 주지 않아도 스스럼없이 진심으로 대하다 보면 친구는 저절로 생기는 것 같아."

'말이야 쉽지. 너는 나처럼 혼자인 적이 없어서 그렇게 쉽게 말하는 거야. 난 내일도 하이에나처럼 친구를 찾아 나서야 하는 처지라고!'

간공주는 비꼬고 싶은 걸 꾹 참고 고개만 숙이고 있었다.

"그런데 간공주 넌 학교만 오면 얌전해지더라. 그러니까 친구가 없지. 너 어릴 땐 안 그랬잖아. 도대체 왜 그러는 거야?"

우장한이 정말 궁금했다는 듯 물었다. 왕선해도 한마디 거들었다.

"그러게. 지금처럼 편하게 대하면 될 텐데, 왜 그렇게 다른 애들 눈을 의식해? 그러니까 어색해서 친구 사귀기가 힘들지."

"휴, 나도 모르게 그렇게 되는 걸 어떻게 해. 난 학교랑 안 맞나 봐."

"한마디로 적응을 못하는 거군. 쯧쯧."

"칫, 결국 우린 다 적응 못하는 게 문제네. 이러다 우리 모임 이름을 바꿔야 하는 거 아냐? '나음모'가 아니라 '나적모'로."

"'나적모'는 또 뭐야?"

"'나 적응 못해.'라고 외치는 아이들의 모임."

"야, 난 빼 줘! 내가 적응 못하는 게 아니라고. 애들이 나한테 적응을 못하는 거지."

"칫, 나도 그렇거든. 어쨌든 다 같은 처지 아냐."

'같은 처지라고?'

하지만 간공주는 그 말에 동의할 수 없었다. 어쨌든 왕선해는 잘 삐치긴 해도 붙임성 있는 성격이어서 언제나 많은 친구가 있었고, 우장한 역시 언제 삐거덕거렸냐는 듯 다시 아이들과 잘 어울릴 게 뻔했다. 아니면 새 친구들을 사귀던가.

'하지만 나는……'

간공주는 자신이 없었다. 이제껏 내내 그래왔듯이 앞으로도 지금과 별반 다르지 않을 게 뻔했다.

'친구 없는 것만큼 괴로운 일이 있을까?'

간공주는 땅이 꺼져라 한숨을 쉬며 애꿎은 그넷줄만 흔들어 댔다. 그때였다.

"공주야, 너무 걱정하지 마. 너도 곧 친구가 많이 생길 거야. 봐, 우리도 어느새 친구가 됐잖아."

"응응, 그렇지."

간공주는 무심결에 고개를 끄덕이다 퍼뜩 고개를 들었다.

'친구…… 라고?'

왕선해의 입에서 나온 '친구'라는 말이 간공주의 귓가를 빙글빙글 돌았다. 간공주는 머리를 한 대 맞은 것 같았다. 한 번도 왕선해가 친구라고 의식해 본 적이 없었다. 친구로 만들어야겠다고 애쓴 적도 없었다. 그런데 분명, 왕선해 말대로 그들은 친구였다. 그저 우르르 몰려다녔을 뿐인데 어느 순간 친구가 되어 있었다.

'이런! 등잔 밑이 어둡다더니, 코앞에 친구가 있었을 줄이야!'

간공주는 그토록 애타게 찾던 친구가 코앞에 있었다는 반전에 충격을 받아 머릿속이 온통 엉키는 기분이었다.

더불어 사는 힘_사회성

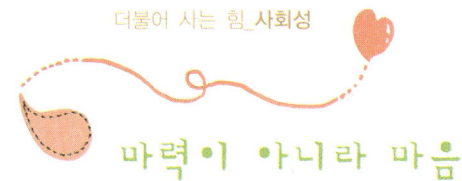
마력이 아니라 마음

그 웃음을 보는 순간, 이상하게도 마음이 편안해졌다.
나칠칠의 미소에는 다 괜찮다고 사람을 다독이는 힘이 있었다.

"공주야, 나 오늘은 한 번도 안 삐쳤다!"

왕선해가 자랑을 했다.

'참, 다행이야.'

간공주는 미소를 띠며 고개를 끄덕였다. 단점을 인정하고 고치려 드는 왕선해가 기특하기도 하고 부럽기도 했다. 그러고 보면 왕선해는 잘 삐치긴 해도 금세 풀어지고 늘 밝았다. 싸우고 나서도 언제 그랬냐는 듯 다시 웃으며 말을 거는 아이였다. 그런 점이 친구들의 마음을 편하고 즐겁게 만들었다. 그래서 간공주도 왕선해와는 편하게 어울릴 수 있었던 것이다.

"넌 참 행복한 아이로구나."

"칫, 뭐야? 그 말투는."

왕선해는 얼른 입을 틀어막고는 순진하게 말했다.

"앗! 방금 '칫' 한 건 삐쳐서 한 거 아니다. 히히힛."

간공주가 자리로 돌아오자, 기다렸다는 듯이 정겨운이 말을 걸었다.

"공주야, 너 왕선해랑 친했었어?"

"어……."

'흥, 내가 친구가 있으니까 조금 다르게 보이나 보지?'

"참, 공주야. 내가 전에 우리 집에 가서 숙제 같이 하자고 해 놓곤 깜빡했지 뭐야? 너 오늘 시간 괜찮아?"

간공주는 도도하게 콧방귀를 끼며 '됐거든, 나 친구 있는 여자야.' 라고 말해 주고 싶었지만 그러지 못했다. 간공주는 보일 듯 말 듯 고개를 끄덕이며 배시시 웃었다. 이상하게 교실에만 들어오면 기가 죽고, 얌전해지는 간공주였다. 그리고 이런 생각도 들었던 것이다.

'친구가 한 명만 더 있으면 좋겠는데…… 어쩌면 정겨운도 미안해하고 있을지 몰라.'

하지만 그건 간공주만의 착각이었다.

"저 공주야, 숙제 얘기가 나와서 말인데, 너 숙제 무지 빨리하잖아. 이거 조금만 도와주라."

정겨운은 간공주가 당연히 받아 줄 거라 여기고, 간공주의 책상 위로 자신의 노트를 툭 던졌다. 간공주는 착잡한 기분으로 정겨운의 노트를 바라봤다. 정겨운은 여전히 '친구'를 미끼로, 간공주를 이용하고 있었다.

'왜 바보같이 있는 거야. 싫다고 말해!'

하지만 정말 바보라도 된 듯 아무 말도 할 수가 없었다. 그때였다.

"네 숙제는 네가 해야지."

박미인이었다.

"응, 너무 많아서."

정겨운이 해맑게 웃었다. 하지만 박미인은 여전히 차가운 표정으로 말을 이었다.

"많아도 네가 해야 할 일이잖아."

"너한테 부탁한 것도 아닌데 왜 그래? 그리고 공주가 해 주겠다고 했어. 공주야, 그렇지?"

정겨운이 간공주에게 동의를 구했다. 정겨운과 박미인이 간공주를 빤히 보고 있었다. 간공주는 괜히 긴장해서는 침을 꿀꺽 삼켰다.

-너는 친해지고 싶어서 조바심 내는 게 눈에 다 보여. 그래서 만만하게 보는 거야. 조바심 내면 친구 사귀기가 더 힘들어.

-조금만 마음을 편하게 먹어 봐. 꼭 뭔가 해 주지 않아도 진심으로 대하다 보면 친구는 저절로 생기는 것 같아.

문득 왕선해가 했던 말이 떠올랐다.

'그래, 질질 끌려다니지 말자. 내가 어때서? 꼭 정겨운이 아니라도 친구 할 아이는 많아!'

간공주는 주먹을 불끈 쥐고 말했다.

"아니. 그런 적 없는데."

물론 목소리는 기어들어 갔지만. 정겨운과 박미인에게 똑똑히 들릴 정도는 됐다.

간공주는 정겨운에게 노트를 돌려 주고 등을 돌렸다. 잠시 뒤, 정겨운이 보미와 중얼거리는 소리가 들려왔다.

"간공주, 착한 줄 알았는데 아니더라."

'그건 내가 할 소리라고!'

간공주는 당장 일어나 따지고 싶어 등이 근질거렸지만, 대놓고 따지지는 못했다.

"간공주 진짜 재수 없다."

간공주는 화가 나서 몸이 부들부들 떨렸다.

'참자, 참자.'

속으로 주문을 외고 있는데, 나칠칠이 속삭였다.

"참지 마. 안 참아도 돼."

'그래, 내가 왜 참아!'

간공주는 저도 모르게 뒤를 홱 돌아보았다. 그리고 성질을 내고 말았다.

"야, 넌 네 숙제 안 해 주면 재수 없는 거냐?"

하지만 정겨운은 황당하다는 얼굴로 대꾸했다.

"쟤 뭐야? 엿듣기나 하고. 우리 네 얘기 한 거 아니거든."

간공주의 얼굴이 홧홧하게 달아올랐다. 아이들이 간공주를 힐끔거렸다. 간공주는 분해서 몸이 부들부들 떨렸지만, 반박할 말이 떠오르지 않았다.

"너, 간공주 욕했잖아."

책을 읽고 있던 박미인이 지나가는 말로 간공주의 편을 들어 주

곧 다시 책에 고개를 박았다. 이번엔 정겨운의 얼굴이 붉어졌다.

'박미인이 내 편을 들어 주다니. 두 번이나.'

간공주는 박미인을 빤히 보았다. 박미인은 여전히 차가운 표정으로 간공주를 힐끗 보곤 다시 책을 읽었다.

'어쩌면 보이는 것처럼 차가운 애가 아닐지도 몰라.'

그렇게 생각하자 박미인이 지금까지와는 다르게 보였다.

'사람은 겉모습만 봐선 모르는 거구나. 이제껏 나도 편견을 가지고 있었던 건가?'

간공주는 새삼스럽게 교실을 둘러봤다. 편견을 가지지 않고, 열린 마음으로 보니 친구들이 조금 다르게 보이는 것 같았다. 그러고 보면 간공주는 늘 단점을 먼저 보았다.

귀엽고 재미있는 한새침에게선 얄미운 면만을 보았고, 묵묵하고 책임감 강한 부반장 한공부에 대해선 답답하고 재미없다고만 생각했다. 바른 말을 잘하는 김바른에 대해선 뺀질뺀질한 면만 생각했다. 그리고 은따 배온달에 대해선 아무 생각이 없었다. 그저 은따기 때문에 친해지고 싶지 않다고 생각했을 뿐. 그러고 보면 요즘 배온달은 초라하지 않았다. 배온달은 아이들과 어울리게 되면서부터 부쩍 명랑한 아이가 되어 있었다. 아마도 그게 원래 배온달의 모습일 것이다.

간공주 역시 원래는 늘 주눅 들어 있는 조용한 아이가 아니었다. 그건 교실에서의 모습일 뿐이다.

'사람들은 편견을 가지기도 하고, 편견에 갇히기도 하는구나.'

간공주는 큰 깨달음을 얻고 고개를 끄덕였다.

'잠깐, 그나저나 내가 교실에서 무슨 짓을 한 거야? 애들 다 보는 앞에서!'

그러고 보면 아까 정겨운에게 따진 한마디가, 간공주에겐 학교에 들어와 처음으로 낸 화였다.

'얌전히 있다가 갑자기 화를 냈으니…… 애들이 이상한 애라고 생각하면 어쩌지?'

간공주가 쓸데없는 걱정을 하고 있는데, 나칠칠이 속삭였다.

"잘했어."

그리고 언제나처럼 환하게 웃었다.

'앗, 눈부셔! 이것은 부처님의 미소!'

그 웃음을 보는 순간, 이상하게도 마음이 편안해졌다. 나칠칠의 미소에는 걱정할 거 없다고, 다 괜찮다고 사람을 다독이는 힘이 있었다.

"정말 너에게는 마력이 있는 것 같아. 그게 너의 인기 비결이구나."

속으로 말한다는 게 그만 소리 내 말하고 말았다. 자신의 입술을 내리치고 있는 간공주를 향해 나칠칠이 조용히 답했다.

"마력? 마력이 아니라 마음이겠지."

"마음?"

"응. 마음."

더불어 사는 힘_사회성

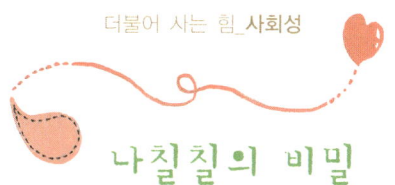
나칠칠의 비밀

"정말로 나칠칠한테 비법이 있었다니! 충격이다."
"쳇, 계획적으로 인기짱인 척했다 이거지?"

"마음? 헐~트?"

우장한이 목소리를 높였다.

"그래, 그렇게 말했어. 자기 인기 비결은 마음이라고."

"쳇, 뭐야! 재수 없게. 한마디로 자기는 마음이 좋다는 얘기 아냐?"

우장한이 짜증을 냈다.

"틀린 말은 아니지, 뭐."

왕선해가 순대와 떡볶이를 동시에 입에 넣으며 말을 이었다.

"애들이 나칠칠을 좋아하는 게 나칠칠이 공부나 운동을 잘해서는 아니잖아."

"내 말이! 도대체 왜 좋아하는 거야?"

우장한이 열을 냈다. 왕선해는 한참 생각하는 듯 눈을 굴리더니 말했다.

"걔랑 있으면 편해."

"그게 다야?"

우장한이 허탈하다는 듯 묻자, 왕선해는 어깨를 으쓱했다.

"뭐가 더 필요한데? 같이 있으면 편하고 좋은 게 친구 아냐?"

"그러니까 왜 편하냐고!"

"잘 웃어서?"

"바보 같이 웃기만 하면 답답하지. 걔는 마음이 있는 거야. 마음이."

이번엔 간공주가 끼어들었다.

"아, 그러니까 마음이 뭘 쨌는데!"

"마음이 좋다고!"

얘기는 빙글빙글 돌 뿐, 결론이 나지 않았다.

"오늘도 나칠칠 뒷조사할 거야?"

또또분식을 나서며 왕선해가 조심스럽게 물었다. 우장한은 굳은 얼굴로 입을 열었다.

"아니."

우장한은 '불타는 공'이 해체된 원인이 자기에게 있었다는 걸 알게 된 이후로, 나칠칠에게 복수할 의욕이 확 꺾여 있었다. 왕선해 역시 굳이 나칠칠의 뒤를 파헤쳐야 한다는 생각은 없었다. 처음부터 심심해서 끼어든 일이었다. 하지만 간공주는 달랐다.

'아직 그만 못 둬. 난 아직도 나칠칠이 궁금하단 말이야!'

간공주는 속으로 눈물을 흘렸지만, '나음모'를 계속하자고 우길 순 없었다.

"이럴 게 아니라 집에 가서 공부나 하자. 우장한 너 엄마한테 스터디한다고 했다며. 우리 집에서 같이 하자."

왕선해 말에 아이들은 느릿느릿 왕선해의 집으로 향했다. 그렇게 '나음모'는 해체되었다. 아니, 될 뻔했다. 우연히 그 광경을 목격하지만 않았어도!

"엇! 나칠칠이다."

나칠칠이 언젠가처럼 쇼핑백을 든 채 길모퉁이에서 누군가와 얘기를 나누며 서 있었다. 그 누군가는 바로 배온달이었다. 셋은 얼른 몸을 숨기고 엿들었다.

"근데 우리 왜 숨었지? 이제 나칠칠 감시 안 하잖아."

왕선해의 물음에 간공주가 간단하게 답했다.

"습관이 돼서 그래."

"아~."

그렇게 숨어 있자니, 나칠칠과 배온달의 대화가 고스란히 들려왔다.

"정말 고마워. 이 노트 돌려줄게."

"고맙긴 뭘."

배온달이 나칠칠에게 너덜너덜한 검은색 노트를 건넸다. 노트는 척 보기에도 무척 오래돼 보였고, 범상치 않은 기운이 넘쳐흘렀다.

"아니야. 네가 가르쳐 준 비법이 아니었으면 난 아직도 은따였을 거야. 나한테 이런 귀한 걸 다 빌려 주고……."

나칠칠과 배온달은 웅얼거리며 몇 마디 더 나누더니, 내일 보자며 헤어졌다. 셋은 약속이나 한 듯 배온달을 뒤쫓았다. 그리고 배온달을 앞질러 가, 길을 떡하니 막고 말했다.

"잠깐, 거기 좀 서 보시지."

"으악!"

배온달은 순간 '나음모'를 불량배로 착각했는지 부리나케 달아났다. 하지만 간공주가 번개처럼 날아올라 배온달의 목덜미를 붙잡았다. 그에 질세라 우장한과 왕선해가 재빨리 둘러쌌다. 정말이지 환상적인 호흡이었다.

"뭐, 뭐야? 너희는 우리 반 애들이잖아?"

배온달이 깜짝 놀란 얼굴로 물었다.

"나는 다 봤다."

간공주가 얼굴을 바짝 들이대며 음침하게 말했다.

"뭐, 뭘?"

"나칠칠의 비법이 뭐야? 검은 노트의 비밀을 털어놔!"

우장한이 성급하게 물었다.

"노트? 비법? 아~."

셋은 배온달을 둘러싸고 꼬치꼬치 캐묻기 시작했다.

"공주야 왜 그래? 정신 차려!"

"쯧쯧, 어떻게 애는 하루에 한 번씩 꼭 맛이 가냐? 그래서 간공주인가? 맛 간 공주?"

왕선해와 우장한이 뭐라고 하건 말건 간공주는 공포에 하얗게 질려 있었다.

'나칠칠 아빠가 정말 조직폭력배였다니. 그럼 그 아저씨들도 모두⋯⋯? 내가 무슨 짓을 저지른 거야. 혹시 길에서 우연히 마주치면 어쩌지? 그런 숙제 없는 게 들통 나기라도 하면? 벌써 날 찾아다니고 있는 거 아냐? 아악!'

원래 콩알만 한 간공주의 심장이 벌렁벌렁 뛰다 못해 멈출 것 같았다.

"정말로 나칠칠한테 비법이 있었다니! 충격이다."

"쳇, 계획적으로 인기짱인 척했다 이거지? 내 진작에 알아봤다니까."

왕선해와 우장한은 간공주가 숨이 막히든 말든 거들떠보지도 않고 자기들끼리 떠드느라 바빴다. 충격에 숨이 오락가락하던 간공주는 우장한의 한마디에 벌떡 일어났다.

"나칠칠! 이젠 정말 끝이다. 으흐흐흐."

우장한이 비열한 웃음을 흘리며 눈을 빛내고 있었다. 반 아이들에게 다 떠벌릴 게 뻔했다.

'나칠칠이 계획을 세워 아이들에게 접근한 게 밝혀진다면······.'

이건 나칠칠의 아빠가 조폭이라던가, 나칠칠이 공부를 못한다는 문제와는 다르다. 우리가 만난 나칠칠이란 아이가 계획적으로 행동해 왔다는 게 되는 거니까 이번엔 결코 그냥 넘어가지지 않을 것이다.

"안 돼, 그건 안 돼!"

간공주가 우장한을 막아서며 외쳤다.

"안 되긴 뭐가 안 되냐? 이 날만을 기다려 왔는데!"

우장한은 당장이라도 동네방네 다니며 소문낼 기세였다.

"안 돼, 안 돼! 절대 안 돼!"

간공주가 우장한을 붙잡았다.

"너 뭐야! 왜 갑자기 나칠칠 편을 들어? 나칠칠을 좋아하기라도 하는 거냐?"

우장한이 간공주를 밀치며 화를 내자, 간공주도 버럭 화를 내며 소리를 질렀다.

"그래, 좋아한다. 좋아해! 그러니까 절대 안 돼!"

'헉!'

간공주의 깜짝 발언에 세 아이는 동시에 입을 틀어막았다.

이윽고 우장한이 입을 열었다.

"이 배신자!"

"고, 공주야, 너 어떻게……."

왕선해가 하얗게 질린 얼굴로 간공주를 향해 손을 뻗으며 말을 이었다.

"어떻게 사랑이 변하니! 넌 우장……."

간공주는 얼른 왕선해의 입을 틀어막았다.

"어쨌든 안 돼! 나칠칠을 헤치면 내가 널 용서하지 않겠어!"

"쳇, 본색을 제대로 드러내시는군. 이 엉큼한 스파이야. 나도 못 물러서!"

결국 피 튀기는 말싸움 끝에, 셋은 극적으로 합의를 봤다.

"좋아. 나도 뒤에서 나칠칠을 욕하는 추잡한 짓은 하지 않겠어. 하지만 대신 나칠칠을 앞에 두고 욕하겠어!"

이렇게 말이다.

더불어 사는 힘_사회성

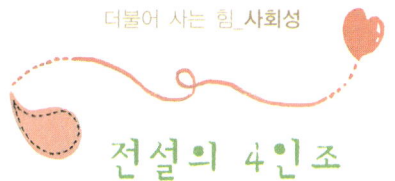

전설의 4인조

간공주는 이 달리기가 계속될 거라는 느낌이 들었다.
그들이 전설의 4인조가 되는 운명의 그 날까지.

다음날 셋은 비장한 각오로 나칠칠을 뒤쫓았다.

"야, 우리 왜 몰래 쫓아가는 거야? 그냥 불러내서 따지면 되잖아."

왕선해가 의문을 제기했다. 간공주가 간단히 답했다.

"습관이 돼서 그래."

"아~ 습관이 무섭구나."

그때였다. 나칠칠이 이상한 낌새를 느꼈는지 갑자기 돌아봤다.

샥- 샥- 샥-

과연 습관은 무서웠다. 나칠칠이 돌아본 골목길은 텅 비어 있었다. 그저 전봇대 3개만이 드문드문 서 있을 뿐이었다. 나칠칠은 고개를 갸웃거리다 다시 갈 길을 갔다. 그리고 나음모는 은밀하게 나칠칠의 뒤를 쫓았다.

뭔가 이상하다고 느꼈을 때, 셋은 이미 탁 트인 운동장 한복판에 서 있었다.

나칠칠 역시 바람에 머리칼을 흩날리며, 운동장 한복판에서 세 아이를 마주 보고 서 있었다.

'나음모'는 쫓는 데만 열중하느라, 나칠칠이 그들을 다시 학교로 유인한 걸 눈치채지 못했다. 하지만 나칠칠은 이미 셋이 미행하고 있다는 걸 알고 있었던 것이다.

"이 자식, 어떻게!"

우장한이 분하다는 듯 이를 악물었다.

간공주는 문득 나칠칠이 조직폭력배 집안의 아들이란 사실이 떠올랐다.

'나도 미행은 전문가 못지않다고 자부해 왔건만 당하고 말았다. 뛰는 놈 위에 나는 놈 있다더니, 조폭 집안의 아들은 뭐가 달라도 다르군.'

간공주는 나칠칠을 향해 엄지손가락을 추켜올리며 속으로 말했다.

'너야말로 전문가!'

이윽고 나칠칠이 입을 열었다.

"너희들이 나를 미행하는 건 이미 알고 있었다. 잘 알지도 못하면서 우리 아빠가 조직폭력배라고 떠벌린 것도. 이제껏 사정이 있어 밝히지 못했지만, 우리 아빠는 조폭이 아니야. 사실은 아주 평범한 분이시지. 직업이 비밀 첩보원이라 조폭으로 위장하고 계셨던 것뿐이야."

"그게 더 이상해!"

"흠, 어쨌든 오늘 그 일당을 붙잡기 전까진 모두에게 비밀로 할 수밖에 없었어. 그건 그렇고 너희들 좀 치사하지 않냐? 뒤에서 공부 못한다고 흉이나 보고. 졸장부 같이."

그 말에 우장한의 얼굴이 시뻘게졌다.

"그리고 그만큼 했으면 됐지, 왜 또 쫓아다니는 거지?"

"너에게 마지막으로 따질 게 있어서 그런다."

우장한이 성큼 한발 나가더니 말했다.

"너! 계획적으로 인기짱인 척했잖아! 다 알고 있거든. 이 사기꾼아!"

"무슨 소리야? 난 그런 적 없어."

전설의 4인조

"흥, 그러셔? 그럼 그 검은색 노트는 뭐야!"

나칠칠은 노트 얘기에 놀란 듯 했지만, 이내 가슴을 쭉 펴고 말을 받았다.

"그 노트는 친구 사귀는 비법을 적은 책이야."

"맞잖아, 비법!"

"맞아, 비법. 그런데 비법이든 뭐든 자신이 부족한 부분을 공부하는 게 왜 사기야? 노력이지. 안 그래?"

"응, 그렇지."

왕선해가 바보같이 대답하자, 우장한이 왕선해를 쿡 찔렀다.
"야, 왜 찔러?"
"네가 분위기 파악 못하니까 그러지!"

"아, 쫌!"

"그만! 그만!"

나칠칠이 툭탁이는 셋을 조용히 시킨 뒤, 다시 심각하게 입을 열었다. 때마침 바람이 불어와 나칠칠의 옷자락을 휘날렸다.

"난 아버지 직업 때문에 전학을 많이 다녀야 했지. 언제나 곧 떠나야 할 걸 알았기 때문에 친구를 사귀는 일에 미련 갖지 않았어. 하지만 어느 순간 알았지. 난 곧 떠난다는 걸 핑계로 사실은 늘 도망쳤던 거라는 걸. 난 사실 무서웠던 거야. 친구를 사귀자마자 또다시 헤어져야 하는 게. 그래서 일부러 친구가 필요 없다고 자신을 속여 왔던 거지."

나칠칠은 잠시 멈추고 셋을 응시하더니 이어 말했다.

"친구가 없다는 게 어떤 건 줄 아냐? 내 편을 들어 줄 사람이 아무도 없다는 거야. 그 사실을 깨닫고 친구를 사귀려 하니까, 친구라는 걸 어떻게 사귀는 건지 생각이 안 나더군. 난 내가 전학을 다니는 동안, 혼자서도 뭐든 잘하는 어른스러운 아이가 된 줄 알았는데 아니었어. 난 친구 하나도 사귈 줄 모르는 소극적이고 자신감 없는 아이가 되어 있었던 거야!"

"그래서, 그래서?"

왕선해가 호기심을 철철 흘리며, 나칠칠에게 쪼르르 달려갔다. 간공주도 슬금슬금 나칠칠 쪽으로 이동하려 했으나, 우장한이 팔을 꽉 잡고 놔주지 않았다.

"훗, '위기는 기회'란 말을 떠올렸지."

"아, 나도 그 말 아는데."

간공주가 얼른 아는 척을 했다.

"나는 잦은 전학 때문에 친구를 사귀지 못했지만, 오히려 전학 때문에 친구를 사귈 수도 있다는 걸 깨달았어. 예전 학교에선 쉽게 내 이미지를 바꿀 수 없었을 거야. 하지만 새 학교에는 나에 대해 아는 아이들이 없으니, 나에 대한 편견도 없는 셈이지. 한마디로 새롭게 시작할 수 있는 기회가 된 거지."

"기회? 그래서 영화에서처럼 짠 하고 변신한 거야?"

왕선해가 눈을 빛내며 물었다.

"아니. 짠 하고 갑자기 모든 게 바뀌진 않았지. 하나씩 고쳐 나가다 보니까 조금씩 자신감이 생겼고, 지금처럼 변하게 된 거야. 그리고 문제는 전학을 가고 안 가고가 아니라 자신감이라는 걸 깨달았지. 그 노트는 내가 가진 노하우를 다른 아이들에게도 알려 주고 싶어서 만든 것뿐이고."

"히익, 그 비법 노트를 네가 직접 만들었다고?"

"역시 넌 전문가야!"

노트 얘기가 나오자 왕선해와 간공주는 호들갑을 떨며 귀를 바짝 세웠다. 우장한도 슬쩍 귀를 열었다.

"난 잦은 전학 덕분에 정말 많은 아이들을 만났고, 내가 하는 행동에 따라 아이들의 반응이 매번 다르다는 걸 알게 되었어. 말하자면 알게 모르게 엄청난 데이터를 보유하게 된 셈이지."

"오오."

셋은 동시에 탄성을 질렀다. 우장한까지 넷은 어느새 쪼그리고 붙어 앉아 속닥거리고 있었다.

"그래서 그간의 경험을 바탕으로, 전학 가서 적응을 잘 하려면 어떻게 행동해야 할지 정리하게 되었지. 바로 이 노트에!"

나칠칠은 어디선가 검은 노트를 꺼내 들며 벌떡 일어섰다.

"문제는 첫인상이야. 첫인상! 너무 튀어도 좋지 않지만 은근한 자신감은 필수지. 그러기 위해선……."

"더, 더, 더 가르쳐 줘!"

왕선해와 우장한은 어느새 눈을 반짝이며 경청하고 있었다. 그리고 간공주는 이미 필기를 하고 있었다.

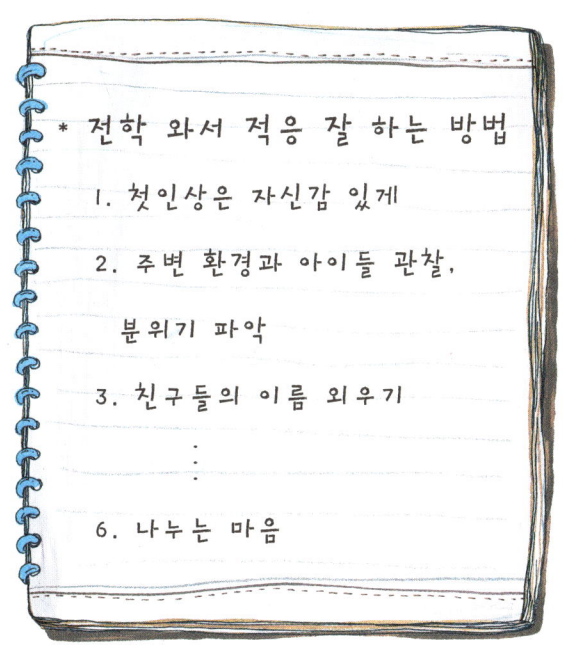

간공주가 전투적으로 필기를 하고 있는데, 나칠칠이 다시 입을 열었다.

"하지만 그게 다는 아니야."

"뭐가 또 있단 말이야?"

"칫, 안 끝난 줄 알았다니까."

"아, 팔 아픈데."

"쩝, 이게 가장 중요한 건데."

"야, 뜸 들이지 말고 말해! 뭐야, 뭐냐고!"

우장한이 버럭 화를 내자, 나칠칠은 입을 다시 쩝 다시더니 비장하게 말했다.

"마음!"

"허어얼~트? 또 마음이야?"

"그냥 마음이 아니야. 쓰리 마음이 필요해."

"쓰, 쓰리 마음?"

나칠칠이 하늘을 가리켰다. 덩달아 셋도 그쪽을 바라봤다. 나칠칠의 손가락이 향한 곳엔 세 뭉치의 구름이 떠 있었다. 나칠칠은 구름 하나, 하나를 가리키며 말을 이었다.

"열린 마음, 밝은 마음, 좋은 마음."

'그 말하려고 폼이란 폼은 다 잡은 거냐. 아우, 눈 시려!'

간공주는 얼른 하늘에서 눈을 거뒀다.

"열린 마음은 알겠는데, 나머지 둘은 뭐냐?"

우장한이 진지하게 물었다.

"밝은 마음은 자신이 처한 상황을 긍정적으로 생각하는 마음이지. 내가 위기를 기회로 생각한 바로 그 마음과도 통하지. 그리고 좋은 마음은 말 그대로 사람을 좋아하고, 아끼고 존중하는 마음. 일명 진심이라고나 할까? 진심은 언젠가는 통하는 거니까."

"진심?"

"그래, 진심. 누구나 친구들이 자기를 진심으로 좋아해 주길 바라잖아. 그러니 내가 친구들을 진심으로 좋아하면 친구들 역시 나를 좋아할 수밖에 없는 거지."

'나는 누군가 날 좋아해 주기만 기다렸지, 정작 친구들을 좋아하지는 않았던 걸까?'

간공주는 자신의 진심에 대해서 돌이켜 보았다.

"열린 마음, 밝은 마음, 좋은 마음, 그 중에 제일은 진심이라."

알 듯 말 듯한 말들을 남기고, 나칠칠이 등을 돌렸다.

"오늘은 여기까지."

그렇게 나칠칠과의 일은 모두 끝이 났다. 하지만 셋은 어딘가 허전한 기분에 자리를 뜨지 못했다. 간공주는 괜히 눈물까지 날 것 같았다. 셋은 한참을 멍하니 운동장 한복판에 서 있었다.

휘잉—

갑자기 바람이 불어와 그들에게 모래를 퍼부었다.

"앗, 눈 따가워."

왕선해가 눈을 비벼 댔다. 간공주는 몰래 눈물을 닦았다. 그리고 우장한은 눈을 번쩍 뜨더니, 나칠칠을 향해서 뛰기 시작했다.

"야, 같이 가!"

왕선해와 간공주도 덩달아 뛰었다. 앞서 걸어가고 있던 나칠칠은 쫓아오는 셋을 보곤 기겁을 해서 달리기 시작했다.

나칠칠이 돌아보며 외쳤다.

"야, 너희들 왜 쫓아오는 거야!"

"그럼 넌 왜 도망가는 거야!"

"야, 내가 먼저 물었잖아!"

"네가 도망가니까 쫓아가는 거지!"

"야, 쫓아오니까 도망가지!"

"도망가니까 쫓아가지!"

그들은 꼬리에 꼬리를 무는 말싸움을 하며 계속 뛰었다.

"하하하하."

뛰다 보니 가슴이 후련해지면서 웃음이 나왔다. 어느새 앞서거니 뒤서거니 서로를 쫓고 쫓으며 뛰고 있었다.

간공주는 이 달리기가 계속될 거란 느낌이 들었다. 그들이 전설의 4인조가 되는 운명의 그 날까지.

 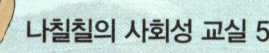

♥ 전학을 자주 다니는 친구들에게 필요한 전학 와서 적응 잘 하는 방법

1. **첫인상은 자신감 있게**
   가슴을 펴고, 고개를 들고, 자신감 있게 행동해. 전날 밤 인사말을 미리 연습해 보는 것도 좋아.

2. **주변 환경과 아이들 파악하기**
   새로운 환경에 적응을 잘 하기 위해선, 그곳이 어떤 곳인지를 먼저 알아야 해. 여유로운 마음으로 관찰한 뒤 너와 잘 맞는 친구를 찾아 봐.

3. **친구들의 이름 외우기**
   친구들의 이름을 외우는 건 기본이야. 새로 전학 온 친구가 자기 이름을 기억해서 불러주면 호감을 느끼게 돼.

4. **다가오는 아이들에겐 열린 마음으로**
   친구에 대해 함부로 평가하거나 편견을 가지지 마. 사람은 다양한 면을 가지고 있고, 늘 변하며, 때론 실수할 수 있거든.

5. **호감 가는 친구에겐 적극적으로**
   용기를 내 말을 걸어. 주변에 있는 모든 것이 대화의 재료임을 잊지 마. 숙제, 만화, 드라마, 취미, 입고 있는 옷, 지나가는 개(좋아하는 동물), 날씨, 계절 등등.

6. **나누는 마음**
   어려운 일이 있는 친구가 있으면 도울 줄 알아야 해. 같이 사는 사회니까 자기 자신만 사랑할 게 아니라, 주변을 돌아볼 줄도 알아야지.

★주의: 이 방법들은 전학이나 새학기뿐만 아니라, 평소 학교생활에 적응하는 데도 도움이 돼. 잘 새겨 두었다가 실천해 봐.

작가의 글

세상이 즐겁고 행복해지는 능력, 사회성

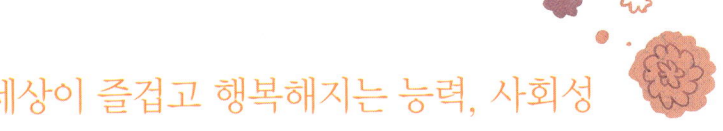

누군가는 쉽게 말할지도 모릅니다.
'친구 하나 없는 게 뭐 그리 큰일이냐고.'
하지만 정말 큰일이 아닐까요? 세상은 혼자서 살아가는 곳이 아닙니다. 태어나, 학교에 가고, 직장에 가고, 늙어 죽을 때까지 우리는 사람들 속에서 부대끼며 살 수밖에 없습니다.
사회성이란 그런 사람들과 어울려 살아가는 능력을 말합니다. 따라서 사회성이 부족하면 다른 사람들과 잘 어울리지 못합니다. 무리에 끼지 못하고 혼자 겉돌게 됩니다.
혼자서도 잘 지내면 그만 아니냐고 할지도 모르지만, 사람들과 잘 어울리지 못한다는 건 말로 표현할 수 없을 만큼 고통스러운 일입니다. 사람은 감정과 온기가 없어도 살아갈 수 있는 로봇이 아니니까요.
반대로 사회성이 좋다는 건 정말 즐거운 일입니다. 내가 힘들 때 마음을 터놓고, 슬픔과 기쁨을 나눌 친구들이 있다는 건 세상의 어떤 것과도 비교할 수 없을 만큼 큰 행복이니까요.
그렇다면 세상을 행복하게 살아가기 위해 꼭 필요한 바로 그 사회성을 키우려면 어떻게 해야 할까요?

답은 사람과 어울리는 것입니다.

참 이상하죠? 사람과 어울리는 능력이 사회성인데, 그 능력을 키우기 위해 사람과 어울리라니. 하지만 당연한 말이기도 합니다. 사회성이란 건 사람과 어울리다 보면 자연스럽게 생겨나는 거니까요. 내가 아닌 다른 사람을 알아 가고, 이해하게 되고, 공감하게 되는 것. 사회성이란 바로 타인과 친구가 되어 가는 과정에서 얻게 되는 것입니다.

결국 부딪혀 보는 것밖에는 방법이 없습니다. 마음을 열고, 다른 사람에게 관심을 가지고, 먼저 다가서는 것입니다.

누군가에게는 그 일이 계란으로 단단한 바위를 깨는 것만큼 힘든 일일지도 모릅니다. 하지만 웅크리고만 있지 말고, 달려가 부딪혀 보라고 말하고 싶습니다. 어느새 단단해져 있는 자신을 발견하게 될 테니까요.

이 책이 부딪히기 위해 한 발 내딛는 친구들에게 도움이 되었으면 합니다. 아울러 잘 어울리지 못하고 겉도는 친구들을 이해하는 작은 계기가 되길 바랍니다.

지은이 방미진

어린이 자기계발동화 22

어린이를 위한 사회성

초판 1쇄 발행 2011년 1월 6일 **초판 12쇄 발행** 2022년 12월 30일

글 방미진 **그림** 최정인
펴낸이 이승현

출판3 본부장 최순영
교양 학습 팀장 김솔미
키즈 디자인 팀장 이수현

펴낸곳 ㈜위즈덤하우스 **출판등록** 2000년 5월 23일 제13-1071호
주소 서울특별시 마포구 양화로 19 합정오피스빌딩 17층
전화 02)2179-5600
홈페이지 www.wisdomhouse.co.kr **전자우편** kids@wisdomhouse.co.kr

ⓒ방미진·최정인, 2011
ISBN 978-89-6086-416-0 74800
ISBN 978-89-6086-081-0(세트)

* 이 책의 전부 또는 일부 내용을 재사용하려면 반드시 사전에 저작권자와
  ㈜위즈덤하우스의 동의를 받아야 합니다.
* 인쇄·제작 및 유통상의 파본 도서는 구입하신 서점에서 바꿔드립니다.
* 책값은 뒤표지에 있습니다.
* 이 책의 사용 연령은 8~13세입니다.